Ferdinand von Schirach

Die Würde ist antastbar

Ferdinand von Schirach

Die Würde ist antastbar

Essays

Piper München Zürich

Mehr über unsere Autoren und Bücher:
www.piper.de

Von Ferdinand von Schirach
liegen im Piper Verlag vor:

Verbrechen
Schuld
Glück
Der Fall Collini
Carl Tohrbergs Weihnachten
Tabu

MIX
Papier aus verantwortungsvollen Quellen
FSC® C083411
FSC
www.fsc.org

ISBN 978-3-492-05658-8

Gesetzt aus der Dante
Satz: Satz für Satz, Barbara Reischmann, Leutkirch
Druck und Bindung: CPI books GmbH, Leck
Umschlaggestaltung: Kornelia Rumberg,
www.rumbergdesign.de
Printed in Germany

Die Würde ist antastbar

Warum der Terrorismus über die Demokratie entscheidet

Haben Sie das »Kanzlerduell« gesehen, das auf allen Kanälen zum Höhepunkt des Wahlkampfs erklärt wurde? Stefan Raab fragte Peer Steinbrück dort immer wieder, ob die Kanzlerin ihren Amtseid verletze, weil sie zu wenig gegen die Abhörangriffe der NSA unternehme. Versäumte sie es, Schaden vom deutschen Volk abzuwenden? Steinbrücks Antwort blieb merkwürdig schwammig: »Frau Merkel hat ihren Amtseid wahrzunehmen.« Es war richtig, die Frage zu stellen, sie streift die Oberfläche eines grundsätzlichen Problems: des Rechtsbruchs unserer eigenen Regierungen. Unsere Freiheit wird im Namen der Sicherheit geopfert. Aber wir leben in einer Demokratie, wir können das ändern. Die Frage ist, ob wir das wollen.

In der Nacht zum 2. Mai 2011 erschossen amerikanische Soldaten den Terroristen Osama Bin Laden. Den Befehl dazu gab der Präsident der Vereinigten Staaten. Als der Tod des Terroristen verkündet wurde, brach in Amerika Jubel aus, in New York tanzten Menschen auf der Straße. Barack Obama verkündete stolz: »Der Gerechtigkeit ist Genüge getan.« Kurz darauf sagte die deutsche Bundeskanzlerin: »Ich freue mich darüber, dass es gelungen ist, Bin Laden zu töten.« Und damit wir uns nicht über Merkels Freude wundern, erklärte Volker Kauder, die Kanzlerin habe sich natürlich ganz christlich gefreut: »Als Christ gibt es für mich das Böse in der Welt. Osama war böse. Und man darf sich als Christ freuen, wenn es weniger Böses auf der Welt gibt.«

Aber vielleicht ist es doch nicht so leicht. Darf ein einzelner Mann oder eine Regierung wirklich als Ankläger, Verteidiger und Richter in einer Person entscheiden, wer lebt und wer stirbt? Es gab eine Fülle von Rechtfertigungsversuchen, aber die meisten Völkerrechtler verwarfen sie. Und wenn wir genau hinsehen, sind all die Gesetze und völkerrechtlichen Regelungen, die wir gegen unser Bedürfnis nach Rache errichtet haben, Ausdruck für etwas anderes, etwas, was hinter ihnen steht und was größer ist als sie.

Am 5. Juli 1884 geriet die »Mignonette«, ein kleiner englischer Frachter, in einen Sturm. Das Schiff wurde auf das offene Meer abgetrieben. Etwa 1600 Meilen vor dem Kap der Guten Hoffnung kenterte es und sank. Die Mannschaft bestand aus vier Personen: dem Kapitän, zwei kräftigen Matrosen und einem 17-jährigen mageren Schiffsjungen. Sie konnten sich auf ein Beiboot retten. Als das Meer sich beruhigt hatte, überprüften sie ihre Vorräte. Es sah schlecht aus: An Bord waren lediglich zwei Dosen mit Rüben. Sie überlebten damit drei Tage. Am vierten Tag fingen sie eine kleine Schildkröte, sie aßen davon bis zum zwölften Tag. Wasser gab es nicht, nur manchmal konnten sie ein paar Tropfen Regen mit ihren Jacken auffangen. Am 18. Tag nach dem Sturm – inzwischen hatten sie sieben Tage lang nichts gegessen und fünf Tage lang nichts getrunken – schlug der Kapitän vor, einen aus ihrem Kreis zu töten, um die anderen zu retten. Drei Tage später hatte der Kapitän die Idee, Lose zu ziehen – wer verliere, solle getötet werden. Aber dann fiel ihnen ein, dass sie selbst Familien hatten, der Junge aber nur ein Waisenkind sei. Sie verwarfen die Idee mit den Losen wieder. Der Kapitän war der Ansicht, dass es besser sei, einfach nur den Jungen zu töten. Am nächsten Morgen – noch immer war keine Rettung in Sicht – ging der Kapitän zu dem Jungen. Er lag halb verrückt vor Durst in einer Ecke des Bootes, er hatte Meerwasser getrunken, sein Körper war dehydriert. Es war klar, dass er in den nächsten Stunden sterben würde. Der Kapitän sagte zu ihm, seine Zeit sei gekommen. Dann stach er ein Messer in seinen Hals.

In den folgenden Tagen aßen die Seeleute Teile des Körpers des Jungen und tranken sein Blut. Am zweiten Tag nach der Tat entdeckten Passagiere eines vorbeifahrenden Schiffes das Boot. Die drei Überlebenden wurden gerettet und nach England gebracht. Jede Zeitung des Landes und fast jede Europas brachte die Geschichte. Es gab Zeichnungen der furchtbaren Ereignisse auf den Titelseiten, alle Einzelheiten wurden vor dem Publikum ausgebreitet. Die Stimmung in der Bevölkerung war für die Seeleute, sie hätten schon genug durchgemacht. Die Staatsanwaltschaft ließ sie trotzdem verhaften und stellte sie vor Gericht. Einer der beiden Matrosen hatte sich als Zeuge zur Verfügung gestellt, er selbst wurde nicht angeklagt. Der Fall ging unter dem Namen »Die Königin gegen Dudley und Stephens«, das waren die Namen der beiden Seeleute, in die Rechtsgeschichte ein. Die einzige Frage des Prozesses lautete: Durften die Seeleute den Schiffsjungen töten, um ihr eigenes Leben zu retten? Drei Leben gegen eines. Das Gericht sollte darüber urteilen, ob eine solche Rechnung erlaubt ist.

Ich vermute, die meisten Menschen hätten bei einem Freispruch ein schlechtes Gefühl. Aber denken Sie einfach an andere Zahlen. Was wäre, wenn durch den Tod des Jungen nicht 3 Seeleute überlebt hätten, sondern 300? Ändert sich etwas, wenn es 30 000 oder 300 000 wären? Ist es tatsächlich eine Frage der Zahl? Das ist kein theoretisches, sondern ein sehr aktuelles Problem: Stellen Sie sich vor, auf dem Flughafen Köln / Bonn ist eine Maschine gestartet. Ein Mann verschafft sich Zugang zum Cockpit, er tötet Pilot und Co-Pilot. Der Mann erklärt über Funk, er fliege die vollgetankte Maschine nach Berlin und lasse sie auf den Potsdamer Platz abstürzen. Vier Abfangjäger der Bundeswehr sind aufgestiegen. Sie fliegen dicht neben der entführten Maschine. Die Bundeskanzlerin ist evakuiert worden. Lässt die Bundesregierung die Maschine abschießen, rettet sie Tausende unschuldige Menschen. Sie hat sich die Passagierliste geben lassen. 164 Reisende, Geschäftsleute auf dem Weg nach Berlin, zwei schwangere Frauen, sechs Kinder, ein Hund. Die Regierung muss entscheiden: Was sind 164 gegen Tausende? Und wenn das Flugzeug abstürzt, würden den Reisenden doch sowieso nur wenige Minuten bis zum sicheren Tod bleiben. Was würden Sie selbst tun?

Unser Grundgesetz beginnt mit dem Satz: »Die Würde des Menschen ist unantastbar.« Das ist natürlich falsch, denn die Würde wird dauernd angetastet. Es soll heißen, dass die Würde nicht angetastet werden darf. Der Satz steht nicht zufällig am Anfang unserer Verfassung. Er ist ihre wichtigste Aussage. Dieser erste Artikel besitzt eine »Ewigkeitsgarantie«, das heißt, er kann nicht geändert werden, solange das Grundgesetz gilt. Aber was ist diese Würde, von der auch die Politiker gern reden, eigentlich? Das Bundesverfassungsgericht sagt, Würde bedeute, ein Mensch dürfe niemals zum bloßen Objekt staatlichen Handelns gemacht werden. Aber was soll das sein: »ein bloßes Objekt staatlichen Handelns«?

Die Idee geht auf Kant zurück. Der Mensch, sagte Kant, könne sich seine eigenen moralischen Gesetze geben und nach ihnen handeln, das unterscheide ihn von allen anderen Wesen. Er erkenne die Welt, er könne über sich selbst nachdenken. Deshalb sei er Subjekt und nicht, wie ein Tier oder ein Stein, bloßes Objekt. Kant nennt ihn, den vernünftigen Menschen, »Person«, dem allein Würde zukomme.

Schopenhauer warf Kant vor, er habe den Begriff nicht hinreichend bestimmt. Ganz unrecht hat er damit wohl nicht: Weshalb ein Wesen, das sich seiner selbst bewusst ist, »Person« sein soll und alle anderen Lebewesen nicht, erklärt Kant nicht. Ich glaube, er brauchte keine weitere Begründung. Denn ob wir es wollen oder nicht: Unser gesamtes Denken ist tief und in jedem Bereich vom Christentum beeinflusst. Dabei ist es ganz gleichgültig, ob wir an einen Gott glauben oder nicht. Das Neue dieser Religion war ja nicht die Erschaffung eines neuen Gottes. Das Neue war die kompromisslose Achtung des Mitmenschen. Unsere Philosophie, unsere Kunst, unsere Kultur sind ohne diese Achtung nicht vorstellbar. Die Achtung vor dem anderen Menschen bedeutet nichts anderes, als ihn zum Subjekt zu machen. Die Verfassung geht daher auch weiter, als Kant das tat: Bei Kant können nur vernünftige Menschen Personen sein – ein Kind oder ein geistig Behinderter fällt nicht darunter. Der Verfassung reicht es hingegen, wenn der Mensch ein Mensch ist. Schon dadurch ist er Subjekt und besitzt Würde. Wenn nun über einen Menschen bestimmt wird, ohne dass er darauf Einfluss nehmen kann, wenn also über seinen Kopf hinweg entschieden wird, wird er zum Objekt. Und damit ist klar: Der Staat kann ein Leben niemals gegen ein anderes Leben aufwiegen. Keiner kann wertvoller sein als ein anderer, eben weil Menschen keine Gegenstände sind. Und das gilt auch für große Zahlen.

Ist das nur eine Idee der Professoren und der Philosophen? Eine Forderung der Verfassungsrichter, die weit weg von den Anstrengungen unseres normalen Lebens entscheiden? Nein, im Gegenteil: Stellen Sie sich nur einmal vor, was passieren würde, wenn wir ein Leben gegen ein anderes aufrechnen dürften: Drei Patienten sind sterbenskrank. Dem einen fehlt eine Niere, das Herz des zweiten bleibt gleich stehen, der dritte hat so viel Blut verloren, dass auch er sterben wird. Ein völlig gesunder Mann, nur mit Schnupfen, sitzt im Wartezimmer und liest Zeitung. Wenn wir Leben gegen Leben rechnen, muss der Arzt den Gesunden ausnehmen, um die anderen drei zu retten. Eins zu drei eben. In einer solchen Welt wäre es noch gefährlicher, zum Arzt zu gehen, als es ohnehin schon ist.

»Im echten Leben«, im Fall des Flugzeugentführers, zweifeln wir trotzdem, ob die Wertung der Verfassung richtig ist. Wenn es gar nicht anders geht, dürfen und müssen wir den Mann töten, der kurz davor ist, eine Bombe zu zünden. Niemand, der vernünftig ist, kann das bestreiten. Aber wir dürfen niemals einen Unschuldigen für unser eigenes Überleben opfern, wir können Leben nicht gegen Leben abwägen – auch wenn das andere Leben »nur« ein magerer, halbtoter Schiffsjunge ist oder wenn es »nur« 164 Reisende in einem Flugzeug sind. Der Richter in dem Fall »Die Königin gegen Dudley und Stephens« brachte es auf den Punkt: »Wie schrecklich die Versuchung war, wie schrecklich das Leiden (der Seeleute) … Aber wie soll der Wert von Leben verglichen werden?« Dann heißt es weiter: »Soll es Kraft sein oder Intellekt oder etwas anderes? … In dem Fall wurde das schwächste, das jüngste, das widerstandsloseste Leben gewählt. War es richtiger, ihn zu töten, als einen der erwachsenen Männer? Die Antwort muss lauten: ›Nein.‹«

Die Regierungen haben längst damit begonnen, diese Grundsätze in Frage zu stellen. Mit immer komplizierteren Konstruktionen wird heute versucht, diese vollkommen klare Entscheidung für die Gleichwertigkeit der Menschen zu umgehen. Es gibt zahlreiche Beispiele: Barack Obama erklärte kurz nach seinem Amtsantritt, die USA würden den Kampf gegen Gewalt und Terrorismus weiter verfolgen, aber auf eine Weise, »die unsere Werte und unsere Ideale achtet«. Er sagte, er werde das Lager in Guantanamo schließen, und bekam den Friedensnobelpreis. Endlich schien Amerika – dieses im letzten Jahrhundert so strahlende Land, der Bürge der Welt für Freiheit, Fairness und Anständigkeit – sich wieder auf seine Ideale zu besinnen. Es war ein glücklicher Moment. Die Erklärung des Präsidenten ist nun vier Jahre her. Seitdem werden in Guantanamo weiter rechtlose Menschen festgehalten, erniedrigt und gequält.

Auch in der Bundesrepublik gibt es seit Jahren eine solche Bewegung. Der Rechtswissenschaftler Günther Jakobs unterschied in einem Aufsatz 1985 zum ersten Mal zwischen Feindstrafrecht und Bürgerstrafrecht. Er berief sich dabei auf die Vertragstheorie von Thomas Hobbes: Ein Mensch, der die Gesellschaft verlasse, begebe sich in einen gesetzlosen Naturzustand und werde zum Feind. Und als Feind müsse er bekämpft werden. Terroristen, die den Staat und die Verfassung selbst angreifen, sind danach vogelfrei, sie werden zu Rechtlosen. Nach dieser Theorie dürfen sie gefoltert oder getötet werden, wenn sie unsere Gesellschaft zerstören wollen – ein Lager wie in Guantanamo wäre auch in Deutschland legal. Das ist nicht bloß eine abstrakte Diskussion – sie wird erbittert geführt, und es gibt ernsthafte Leute, die einem solchen Feindstrafrecht zugeneigt sind. Nach dem 11. September 2001 fragte Jakobs, ob die Bindungen, die sich der Rechtsstaat gegenüber seinen Bürgern auferlegt, gegenüber Terroristen nicht vielleicht »schlechthin unangemessen« seien.

Während aber Jakobs nur Terroristen und Mafia-Mitglieder nach Feindstrafrecht bekämpfen wollte, wurde bei dem Fall Magnus Gäfgen diskutiert, ob besonders abscheuliche Verbrechen nicht auch durch Folter aufgeklärt werden dürfen – zumindest, wenn ein anderes Leben dadurch vielleicht gerettet werden kann. Das Wort von der Rettungsfolter machte die Runde. Bei Gäfgen handelte es sich weder um einen Terroristen noch um einen Mafioso. Viele waren und sind dennoch sofort bereit, ihm die Menschenwürde abzusprechen. Sogar der damalige Vorsitzende des Deutschen Richterbundes hielt Folter nicht für ausgeschlossen, und es gab Professoren, die dem zustimmten.

Vielleicht glauben Sie ja, in diesem Land wären zumindest die bürgerlichen Politiker zu vernünftig, um Grundrechte wegen einer terroristischen Gefahr tatsächlich zu beschneiden. Das Gegenteil ist der Fall: Erst 2007 stimmten CDU, CSU und SPD für die Vorratsdatenspeicherung. Jeder Bürger konnte damit überwacht werden. Das Gesetz folgte auf die Anschläge in Madrid und London, nur so sei der Kampf gegen den Terror zu gewinnen. Später stellte das Bundeskriminalamt fest, dass sich die Aufklärung durch die Vorratsdatenspeicherung im besten Fall um 0,006 Prozentpunkte erhöhen würde. So wenig reichte also aus, um unsere Grundrechte zu verletzen. Es ist unwahrscheinlich, dass die Zahlen bei der NSA wesentlich höher sind. Das Bundesverfassungsgericht hob das Gesetz wieder auf. Und die Politiker? Sie traten nicht zurück, sie entschuldigten sich nicht, sie schämten sich noch nicht einmal.

Die Anhänger des Feindstrafrechts, der Polizist, der Folter androht, Barack Obama mit seinem Tötungsbefehl und Angela Merkel in ihrer Freude – sie alle irren sich. Mit den Rechten des Menschen ist es nämlich in Wirklichkeit wie mit der Freundschaft. Sie taugt nichts, wenn sie sich nicht auch und gerade in den dunklen, in den schwierigen Tagen bewährt.

Unser Konsens, dass unsere Regierungen niemals bewusst einen Rechtsbruch begehen dürfen, die Grundlage unserer Verfassungen also, wird jetzt dauernd verletzt: Kriegsdrohnen töten Zivilisten, Terroristen werden gefoltert und rechtlos gestellt, unsere E-Mails und SMS werden von den Geheimdiensten gelesen, weil wir unter Generalverdacht stehen. Das alles geht zwar nicht von unserer Regierung aus, und das Recht verlangt von niemanden etwas, was er nicht leisten kann. Natürlich kann die Kanzlerin Guantanamo nicht auflösen oder die NSA abschaffen – ihren Eid hat sie also nicht gebrochen. Aber das allein reicht nicht, die Aufgabe der Regierung geht viel weiter. Wenn Politiker nicht mehr alles tun, um die Verfassung zu schützen, wenn sie den fremden Rechtsbruch mittragen und wenn er manchmal sogar Freude in ihnen auslöst, stellt das uns selbst in Frage. Die westliche Welt, ihre Freiheit und ihr Selbstverständnis, wird nicht an Autobahnmaut, Steuererhöhung oder Pflegeversicherung entschieden – sie entscheidet sich am Umgang mit dem Recht.

Der alte englische Richter verurteilte die Seeleute wegen Mordes zum Tode, empfahl aber ihre Begnadigung. Nach sechs Monaten wurden sie von der Krone wieder auf freien Fuß gesetzt. In der Urteilsbegründung stehen die großartigen Sätze, an die wir uns heute – 130 Jahre später – noch halten sollten:

»Wir werden häufig dazu gezwungen, Standards aufzustellen, die wir selbst nicht erreichen, und Regeln festzulegen, die wir nicht selbst befriedigen können … Es ist nicht notwendig, auf die schreckliche Gefahr hinzuweisen, die es bedeutet, diese Grundsätze aufzugeben.«

Verstehen Sie das alles noch?

Fragen an die Wirklichkeit

Verstehen Sie die Sache mit dem Euro? Werden die Griechen aus der Währungsunion austreten? Ist es besser, wenn wir austreten? War der Euro vielleicht nur ein Versehen? Wer hat sich das alles ausgedacht? Was machen heute eigentlich Herr Verheugen und sein Erweiterungskommissariat? Gibt es Pläne für ein Verkleinerungskommissariat? Sind Verträge wirksam, die man nicht kündigen kann? Beunruhigt Sie der Begriff »effiziente europäische Bankenaufsicht«?

Ist es Zufall, dass Frau Merkel wichtige Entscheidungen gern zwischen Fußballspielen mitteilt? Trug sie in Berlin den blauen Blazer wegen Europa? Was zieht die Kanzlerin in der Uckermark an? Prägen Landschaften Menschen wirklich? Gibt es auch in anderen Ländern so viele Windräder?

Haben Sie sich schon dabei beobachtet, wie Sie nur noch vier Zeilen eines Artikels über Europa lesen? Glauben Sie, Frau Merkel hat Angst vor den Märkten? Ist der Dax gut oder böse, oder sind diese Begriffe hier ganz falsch? Ist es vernünftig, jetzt private Schulden zu machen? Finden Sie das Wort »Euro« scheußlich? Klingt das Wort »Fiskalpakt« für Sie besser? Ist es Ihnen unangenehm, wenn es heißt, der Fiskalvertrag mache Europa unumkehrbar? Haben Sie Vertrauen in das Wort »unumkehrbar«?

Weshalb müssen alle europäischen Staatschefs bei jedem Gipfel auf ein Foto? Gibt es Streit darüber, wer vorn stehen darf? Geht es dabei um die Größe des Politikers oder um die Größe des Landes? Hat das Dreieck, das Frau Merkel mit den Händen bildet, etwas zu bedeuten? Kennen Sie noch jemanden, der so etwas macht?

Wird darüber nachgedacht, ob die Chinesen in die EU eintreten? Können sie Europa kaufen? Werden Rating-Agenturen eigentlich auch herabgestuft? Glauben Sie, es wäre sinnvoll, wenn die Bundesrepublik die Agenturen übernehmen würde? Würden Sie gern mit Helmut Schmidt eine Zigarette rauchen?

Sagt Frau Merkel jetzt häufiger Termine ab, weil sie allein nachdenken will? Erklärt Herr Steinbrück Herrn Gabriel und Herrn Steinmeier die Sache mit dem Euro? Oder trauen sich die Herren nicht zu fragen? Glauben Sie, Abgeordnete lesen alles, worüber sie abstimmen? Schreibt Frau Merkel ihrem Mann manchmal eine SMS, dass noch Milch eingekauft werden müsse? Ist es in der Politik sinnvoll, aus Fehlern zu lernen? Kommen Sie in Hotelzimmern immer seltener mit der Bedienung des Fernsehers zurecht? Würde es Sie bedrücken, wenn sich ein Politiker öffentlich schämen würde?

Warum kostet ein Unternehmen, das eine App zur Verfremdung von Fotos anbietet, eine Milliarde Dollar? Mögen Sie Immobilienblasen? Ist es gut, dass der Bundeshaushalt 313 Milliarden Euro beträgt und die Verpflichtungen der Bundesrepublik gegenüber Europa bei 310 Milliarden liegen? Haben Sie schon einmal in einem Flughafen mit dem Gedanken gespielt, Ihr Gepäck unbeaufsichtigt zu lassen? Stimmt es, dass Herr Schäuble bereits als Kind die Fläche eines Oktagons im Kopf ausrechnen konnte?

Halten Sie es für möglich, dass es zu einem Bürgerkrieg kommt? Wäre Ihnen wohler, wenn in Ihrer Wohnung ein Kamin wäre? Haben Sie heimlich Vorräte gekauft? Warum gibt es einen »Beamtenpool«, und was genau ist das? Haben Sie den Eindruck, das Kanzleramt in Berlin sei zu groß? Verunsichert es Sie, dass Herr Rösler so jung aussieht? Oder ist Ihnen das egal?

Gefällt Ihnen Rom nun besser als vor der Einführung des Euro? Ist es Ihnen angenehm, dass Sie ohne Schwierigkeiten beurteilen können, ob ein Laib Brot in Maastricht zu teuer ist? Kommen Sie heute gut in einem portugiesischen Supermarkt zurecht? Wären Sie gern Schweizer?

Hat es Sie erstaunt, dass eine griechische Firma führend in der Herstellung von U-Boot-Batterien ist? Wissen Sie, was der Goldstandard war? Hängen Sie ihm vielleicht noch nach? Würden Sie gern verstehen, was Euro-Bonds sind? Haben Sie sich schon einmal gefragt, wer sich solche Begriffe ausdenkt?

Was halten Sie von der Rechtsform des ESM? Haben Sie darüber nachgedacht, ob es richtig ist, dass spanische Banken Steuergelder bekommen? Sind Sie zu einer Lösung gekommen? Woher wissen die Politiker, wie das Bundesverfassungsgericht entscheiden wird? Und wieso klagen andere Politiker trotzdem? Sind wir auf hoher See und vor Gericht tatsächlich in Gottes Hand? Hat das etwas mit dem »Higgs-Boson« zu tun? Sind Sie froh darüber, dass es institutionelle Anleger gibt?

Trifft es zu, dass die Menschheit insolvent ist, weil sie über 50 000 Milliarden Dollar Schulden hat? Wissen Sie, bei wem die Menschheit diese Schulden hat? Können Sie erklären, was Schuldenschnitt bedeutet? Sind Sie ganz sicher, dass das nichts mit dem Goldenen Schnitt zu tun hat? Ist es für den Schneidenden schmerzhafter als für den, der geschnitten wird? Sind alle Norweger reich? Waren die Bilanzen der Griechen gefälscht? Ist es wichtig, ob Homer eine Person war oder eine Gruppe? Was verbinden Sie mit den Begriffen »Libor« und »Eurobor«? Oder sind Sie überzeugt, dass es »Euribor« heißt?

Können wir jemanden für das alles, wie es so schön heißt, zur Verantwortung ziehen? Erinnern Sie sich an Ihre Schulferien? Denken Sie manchmal an das Freibad, die Apfelbäume und das Dolomiti-Eis? Geht es Ihnen gut?

Weil wir nicht anders können

Über das Schreiben

Im Internet ließen kürzlich zwei Kunststudenten darüber abstimmen, ob einem Schaf mit einer von ihnen konstruierten Guillotine der Kopf abgeschlagen werden soll. Das Schaf heißt Norbert, es sieht nett aus. 40 Prozent entschieden sich für das Töten. Die Kunststudenten haben ihre Sache gut gemacht: Sie irritieren, sie zeigen die Gefährlichkeit von Abstimmungen. Stellen wir uns einen Moment vor, es ginge um eine Sexualstraftat. Ich bin sicher, dass über 90 Prozent für die Wiedereinführung der Todesstrafe wären. Wir haben es eben erlebt: Im Mordfall Lena wurde ein unschuldiger Junge aus Emden verdächtigt. Auf Facebook wurde prompt Lynchjustiz gefordert.

Repräsentative Demokratien mögen viele Nachteile haben, ihre Entscheidungsprozesse sind oft kompliziert, der Ausgleich von Interessen ist anstrengend, der Staat wirkt träge. Aber trotz aller Fehler funktionieren sie besser als jede andere Staatsform, die wir kennen. Ihr Fundament ist es, dass die Repräsentanten für ihr Handeln einstehen müssen, sie sind uns verantwortlich. Die meisten Politiker nehmen das ernst, das Gewissen des Abgeordneten ist noch kein leerer Begriff.

Die Piraten wollen im Grunde eine andere Staatsform. Vor jeder Entscheidung sollen alle befragt werden, der Repräsentant der Partei wird unwichtig, er ist nur das austauschbare Sprachrohr. Das klingt zunächst sehr demokratisch. Aber in Wirklichkeit ist es das Gegenteil.

In der Politik gibt es heute keine einfachen Fragen mehr, und für eine Entscheidung zwischen zwei Alternativen fehlt uns regelmäßig das Wissen. Soll Griechenland unterstützt werden? Sollen wir aus der EU austreten? Wollen Sie das wirklich auf der Grundlage Ihres Wissens entscheiden? Verstehen Sie die internationalen Finanzströme? Oder die Konflikte im Nahen Osten? Wenn alle alles bestimmen, trägt der Repräsentant keine Verantwortung mehr. Und wo es keine Verantwortung gibt, werden wir die Freiheit verlieren. Wir müssten dann an das glauben, was man Schwarmintelligenz nennt.

Wir sollten mit der direkten Demokratie vorsichtig sein, so vorsichtig, wie es die Väter des Grundgesetzes waren. Sie hatten ihre Erfahrung mit Volksmeinungen. In der Geschichte gab es einfach zu oft eine Schwarmdummheit, eine Schwarmgemeinheit und eine Schwarmbösartigkeit.

Noch scheint das Urheberrecht nicht in Gefahr. Bisher will keine der Volksparteien daran Wesentliches ändern. Noch ist es nur eine Diskussion – von den widerwärtigen Entgleisungen der Anonymous-Gruppe einmal abgesehen. Die Diskussion ist richtig, das Urheberrecht hat ohne Zweifel Fehler, und wie alle Gesetze muss es auf seine Aktualität überprüft werden. Aber wenn die anonyme Masse gefragt wird, ob Schokolade kostenlos sein soll oder ob man sie bezahlen muss, kann das eine gefährliche Frage sein. Geht es nach den Piraten, wird niemand mehr für ein E-Book bezahlen müssen, es sei denn, er möchte es gern. Die Tauschbörsen sollen legalisiert werden, jedes E-Book könnte dort dann legal kostenlos heruntergeladen werden. Die Argumente dafür sind merkwürdig: Im Internet müsse alles frei fließen, Künstler seien nicht weiter systemrelevant, Mozart habe auch keinen Urheberschutz genossen, und der habe bessere Musik gemacht als Sven Regener.

Offen gesagt verstehe ich die Euphorie für die Tauschbörsen einfach nicht. Ich verstehe auch nicht, warum Schriftsteller ihre Bücher selbst vermarkten sollen. Oder warum die Piraten den Künstlern helfen wollen, sich von ihren Verlegern zu befreien. Ich kann mir nur vorstellen, dass diese Leute einfach nicht wissen, wie Bücher wirklich entstehen.

Mein erstes Buch habe ich nachts geschrieben. Tagsüber Besprechungen mit Mandanten, Telefonate mit Richtern und Staatsanwälten, Haftbesuche und Prozesse. Nachts schreiben. Ich schlafe nicht besonders gut. Irgendwann habe ich mich an den Schreibtisch gesetzt und angefangen, drei, vier Stunden jede Nacht. Zigaretten, Kaffee, nur das Licht des Bildschirms, die beleuchtete Tastatur. Es waren Geschichten, die ich als Anwalt erlebt habe. »In der wahren, dunklen Nacht der Seele ist es immer drei Uhr morgens«, schrieb F. Scott Fitzgerald. Es ist eine gute Zeit. Es klingelt kein Telefon, und niemand schickt eine E-Mail. Ich war allein mit den Figuren meiner Geschichten, sie gehörten noch ganz mir.

Über einen Literaturagenten ging das Manuskript an einen Verlag. Nach ein paar Tagen schickte der Verleger mir eine E-Mail: »Wir machen das Buch.« Ich habe sie ausgedruckt und an die Wand gehängt. Ich dachte, alles sei jetzt erledigt, und freute mich – ich hatte nicht die geringste Ahnung.

Einen Monat später traf ich den Verleger. Er zeigte mir das Verlagsgebäude, eine mir vollkommen fremde Welt. In einem Raum stapelten sich auf dem Boden Hunderte eingesandter Manuskripte, die Lektoren hatten sie tatsächlich alle gelesen. Beim Mittagessen sprachen wir über Auflagen, Positionierung, Pressearbeit. Und über die Vertreterkonferenz. Zweimal im Jahr findet eine solche Konferenz im Verlag statt, die Handelsvertreter sehen sich die neuen Bücher an, sie diskutieren über Cover, Klappentext, Titel, über das ganze Programm. Es sind wichtige Tage. Die Vertreter stellen später die Bücher den Buchhändlern vor, sie kennen ihr Publikum, und niemand kann alles lesen, bevor er es kauft. Aber an genau dieser Stelle wird über Erfolg oder Misserfolg entschieden. Es ist ganz einfach: Liegt das Buch nicht im Laden, kauft es niemand. Bücher zu schreiben ist eine Sache, sie zu verlegen eine ganz andere.

Meine Lektorin kannte ich, bevor ich zu schreiben begann, wir hatten zusammen studiert. Sie schickte mir das Manuskript zurück, es enthielt etwa 200 Anmerkungen. Ich fand, dass es schlimm aussah. Wir sprachen über fast jeden Satz, ich bewunderte ihre Geduld. Nach dem Lektorat kamen die Korrekturen – Rechtschreibung, Zeichensetzung –, danach die Fahnen und endlich die Frage des Covers. Ich weiß nicht mehr, wie viele Umschläge wir diskutiert haben, über 150 E-Mails. Es war berührend zu sehen, wie viele Menschen hart daran arbeiten, ein ordentliches Buch zu machen. Über das Papier wurde gesprochen, über den Satz, selbst die Farbe des Lesebändchens musste ausgesucht werden. Bis das erste Buch fertig war, vergingen Monate. Als es da war, habe ich es drei Tage mit mir herumgetragen.

Meine erste Lesung fand in einer Buchhandlung in Brandenburg statt. Es waren ungefähr 50 Zuhörer gekommen, die meisten waren über 60 Jahre alt, sie waren höflich und interessiert. Öffentliche Auftritte kannte ich vom Gericht, aber hier war es anders. Vermutlich war ich unsicher. Die Zuhörer stellten Fragen, die ich kaum beantworten konnte: Warum schreiben Sie? Warum haben Sie erst jetzt damit angefangen? Warum schreiben Sie so, wie Sie schreiben? Natürlich hatte niemand das Buch gelesen, es war ja erst eine Woche auf dem Markt.

Es gab weitere Lesungen, Interviews, Porträts und Talkshows: Fast jedes Bundesland hat seine eigene Büchersendung. Ich saß jetzt viel im Zug und schlief in seltsamen Hotels. Manchmal schien es mir, als organisiere die Presseabteilung des Verlags mein Leben. Das Buch erschien im August, alle sagten, dass es ab Weihnachten ruhiger würde. Es stimmte nicht. Die Lizenzabteilung des Verlags hatte die Rechte inzwischen ins Ausland verkauft. Die Verträge waren auf Englisch, ich verstand höchstens die Hälfte. Die Mitarbeiter des Verlags nahmen mir fast alles ab, sie führten jede Verhandlung, es war beeindruckend. Aber natürlich musste ich manchmal trotzdem mit Übersetzern, mit Verlegern und mit Lektoren sprechen. Ein paar Länder besuchte ich, es ging nicht anders. Auch dort organisierte der Verlag alles – von der Hotelbuchung über die Dolmetscher bis zu der Koordination der Termine mit den Journalisten, an manchen Tagen waren es 12, 15 Interviews hintereinander. Nichts davon hätte ich selbst machen können.

Das zweite Buch konnte ich nur zum Teil nachts schreiben. Ich schlief immer noch schlecht, aber jetzt arbeitete ich nachts auch für die Prozesse. Strafverteidiger machen nie länger als 14 Tage Ferien, man kann Mandanten nicht so lange im Gefängnis allein lassen. Wegen des Buchs nahm ich mir nach 18 Jahren das erste Mal einen ganzen Monat frei. Ich wollte schreiben und nur schreiben. Im Mai fuhr ich nach Venedig. Ich mietete eine Wohnung, schloss mich ein und schrieb das zweite Buch zu Ende. Ich tat nichts anderes, tagsüber schreiben, nachts in der leeren Stadt spazieren gehen. Das Telefon schaltete ich nur eine Stunde am Tag an, E-Mails beantwortete ich nicht. Plötzlich ging es wieder. Das Buch erschien im August, und ab da war bis Weihnachten alles wie beim ersten Mal.

Für das dritte Buch musste ich alte Prozessakten lesen, Archive besuchen, Überlebende sprechen. Das

Schreiben wurde ernster. Die Arbeit in der Kanzlei hatte nach wie vor den gleichen Umfang. Jedes Mal, wenn meine Sekretärin anrief, ärgerte ich mich, weil ich von vorn anfangen musste. Es fiel mir immer schwerer, nach einem Verhandlungstag zum Text zurückzufinden.

Dann passierte es. Nach einer Lesung fiel ich in einer Hotelhalle um. Einfach so. Ich schlug mit dem Kopf auf die Marmorplatte der Rezeption und rutschte zu Boden. Ein paar Minuten war ich bewusstlos. In Berlin sprach ich mit einer Ärztin darüber. Sie war sehr klar, sie sagte, ich müsse mich entscheiden, es gebe keine zwei parallelen Leben. Entweder solle ich schreiben oder in die Kanzlei gehen. Punkt.

Sie hatte recht. Das eigentliche Problem ist der Prozess des Schreibens, er ist mit nichts zu vergleichen, was ich kenne. Alles entsteht im Kopf, Ideen, Stimmungen, Figuren, die ganze Geschichte ist lange Zeit sehr fragil, sie ist flüchtig und launisch. Sie verschwindet, wenn man nicht aufpasst, man muss behutsam mit ihr sein. Jonathan Franzen schreibt in einem Zimmer mit heruntergelassenen Rollos, sein Computer ist von der Außenwelt abgeschnitten, er trägt Kopfhörer und hört nur ein Rauschen, er sagt, es klinge wie in einer Raumkapsel in der Atmosphäre. Ein anderer Autor schreibt in einer Dachkammer, er setzt einen riesigen Hut auf, dessen Krempe fast am Bildschirm aufsetzt, damit er nichts anderes sieht. Es gibt Schriftsteller, die nach Japan fahren oder nach Indien, um schreiben zu können. Natürlich, Hemingway schrieb angeblich auch im Schützengraben noch Notizen, andere schreiben in Cafés. Aber was wohl alle brauchen, ist Einsamkeit. Es ist die Zeit, die man ungestört mit einer Geschichte allein ist.

Ich musste das lernen. Die Strategie für ein Strafverfahren wird anders entwickelt, sie entsteht aus Akten, aus Gesprächen mit Richtern, Kollegen und Mandanten. In einer Hauptverhandlung kommt es oft darauf an, eine Situation schnell zu erfassen, für einen Zeugen die richtigen Fragen zu finden. Es ist ein sozialer Vorgang. Das Schreiben ist es nicht. Es ist das Gegenteil.

Wenn man schreibt, kann man nichts sonst mehr tun. Jede Ablenkung wirft zurück, jeder Anruf, jede E-Mail, jede Verabredung stört. Aber dafür bekommt man etwas anderes, etwas ganz und gar Wunderbares: Man reist in seinem Kopf, man trifft seine Figuren, und am Ende lebt man ganz in seinem Buch. Nach einiger Zeit wird es rauschhaft, trotz aller Anstrengungen – und Schreiben ist oft furchtbar anstrengend – kann es zur Sucht werden. Vor ein paar Jahren habe ich ein Interview mit Philip Roth gelesen. Er sagte, er würde überhaupt nur leben, wenn er schreibe. Ich fand das damals ein wenig lächerlich. Heute glaube ich zu verstehen, was er meint. Seit drei Monaten schreibe ich jetzt, ich tue nichts anderes mehr. In die Kanzlei gehe ich nur noch selten, alle Lesungen, Veranstaltungen und Pressetermine habe ich abgesagt. Die nächsten zwölf Monate muss ich mit dem neuen Buch allein sein. Es wird Unterbrechungen geben, aber ich tue alles, damit es bei wenigen bleibt. Ich habe verstanden, dass es nicht anders geht.

Ein Buch entsteht also nicht nebenbei. Der Vorschlag, Schriftsteller sollten sich selbst auch noch um die Verwertung kümmern, ist absurd. Sie sollen schreiben, ihre Bücher müssen andere verkaufen. Und selbst wenn man so verrückt wäre, es selbst zu versuchen – was hier vielleicht noch mit viel Mühe vorstellbar ist, ist im Ausland undenkbar. Wie soll ein deutscher Schriftsteller seine Bücher in Japan »verlegen« oder in den USA oder in Korea? Wie soll er Lektoren finden? Wie soll er dort Pressetermine vereinbaren? Soll er mit dem chinesischen, dem russischen oder dem argentinischen Grafiker sprechen? Oder mit den Buchhändlern dort? Oder mit einer Zeitung, einem Fernsehsender?

Ich bin von E-Books begeistert, es gibt phantastische Lesegeräte, ein iPad liegt auf meinem Schreibtisch. Ich nutze das Internet täglich, ich lese Zeitungen online, ich recherchiere, ich habe eine Website. Aber ich möchte mich niemals selbst um die Vermarktung meiner Bücher kümmern. Und will man das ernsthaft älteren Herren wie Martin Walser oder Hans Küng zumuten? Wenn ich ein Hemd brauche, kaufe ich es in einem Geschäft, ich fange nicht an, es selbst zu nähen. Wir leben in einer Welt der Arbeitsteilung. Und bei aller Champagnerlaune über die neue Technik, über die rasend schnelle Verteilung eines Textes – am Schreiben selbst hat sich seit Homer nichts geändert. Es gibt keine Abkürzungen, noch immer schreibt man Satz für Satz für Satz.

Und ja, ein Buch kostet Geld. Sieben Prozent nimmt der Staat. Vom Nettoladenpreis bekommt der Buchhändler etwa die Hälfte. Die andere Hälfte teilen sich Papierlieferanten, Drucker, Setzer, Handelsvertreter, die Angestellten des Verlags – vom Büroboten über die Lektoren bis zum Verleger müssen alle bezahlt werden –, und schließlich bekommt der Autor sein Honorar. Die Rechnung ist eine Mischkalkulation: Der Bestseller trägt die Gedichtbände, ohne Stephen King gäbe es keinen Durs Grünbein. Das wirtschaftliche Risiko liegt beim Verlag. Er bezahlt dem Schriftsteller einen Vorschuss, gleichgültig, ob sein Buch sich verkaufen wird oder nicht. Die meisten Autoren können kaum davon leben, sie halten sich mit Zeitungsartikeln, Stipendien oder als Stadtschreiber über Wasser. Auch wenn es unpopulär ist, das zu sagen: Ich würde nicht mehr schreiben, wenn ich kein Geld dafür bekäme. Natürlich, ich schreibe nicht wegen des Geldes, niemand, der bei Verstand ist, tut das, die Chance zu scheitern ist viel zu groß.

Die meisten Schriftsteller sagen, sie schreiben, weil sie nicht anders könnten, es sei ihr Leben. Aber sie alle brauchen das Geld, um sich die Zeit zum Schreiben zu kaufen. Kein Geld, keine Literatur – so einfach ist das. Kurt Tucholsky schrieb 1920: »Die Lage des deutschen Schriftstellers ist haltlos. Wenn er nicht Glück oder sehr viel Marktgeschick hat oder einen guten Nebenberuf, kann er verhungern.« Daran hat sich in den letzten 90 Jahren nicht viel geändert. Denken Sie bitte daran, wenn Sie auf einer Tauschbörse ein Buch herunterladen wollen.

Du bist, wer du bist

Warum ich keine Antworten auf die Fragen nach meinem Großvater geben kann

Als ich ein kleiner Junge war, kam mein Großvater aus dem Gefängnis. Ich war damals zwei Jahre alt. Meine Familie wohnte in München-Schwabing, in einem hübschen Haus aus dem 18. Jahrhundert, bewachsen mit Efeu und wildem Wein. Die Korridore waren ein wenig schief, ein paar Steinplatten zerbrochen, die Eingangstür klemmte. Ein dunkelgrünes Tor führte zur Kopfsteinpflasterstraße draußen, hinter dem Haus waren ein Labyrinth aus Rosenbüschen und ein Brunnen mit einem nackten Amor – er hatte nur noch den Bogen, der Pfeil war verloren gegangen.

Ich erinnere mich nicht an die Entlassung meines Großvaters. Alles, was ich weiß, stammt aus Erzählungen, von Fotos und aus Filmen. Mein Vater und seine Brüder holen ihn in einem schwarzen Wagen vor dem Gefängnistor ab. Davor steht die Pressetribüne, nur für diesen einen Tag gezimmert. Mein Vater trägt einen engen dunklen Anzug, er ist sehr jung und sehr unsicher. Mein Großvater ist dünn. Dann die Bilder aus dem Garten in München: Henri Nannen sitzt neben ihm auf einem alten Gartenstuhl aus Eisen, er führt die ersten großen Interviews. Meine Familie steht weiter hinten unter einer Kastanie. Mein Großvater spricht langsam, ein seltsamer Akzent: weimarisch. Wenn man die Interviews hört, ist man irritiert, dass diese Leute auch einen Dialekt hatten – Speer sprach badisch. Damals sagten alle, mein Großvater rede »druckreif«, aber das ist Unsinn: Die Fragen der Journalisten waren abgesprochen, die Antworten hatte er eingeübt. Mein Großvater sagte nichts, womit ich hätte etwas anfangen können.

Als ich vier Jahre alt war, zogen wir in die Nähe von Stuttgart zu der Familie meiner Mutter. Mein Großvater kam kurze Zeit später nach. Wir wohnten in einem Park, den mein Urgroßvater noch vor dem Ersten Weltkrieg angelegt hatte: hohe, alte Bäume, ein Haus mit Säulen und Freitreppe, Teiche, eine Gärtnerei. Mein Vater ging mit mir fischen und nahm mich mit auf die Jagd. Es war eine Welt für sich. Meistens war ich alleine. Ich wusste immer noch nicht, wer dieser Großvater war. Er hatte eine Sammlung

Gehstöcke, in manchen waren Schnapsflaschen oder Uhren eingebaut, einer enthielt ein Florett, ein anderer sah aus wie der Stock des kleinen Muck.

Wir machten jeden Tag einen Spaziergang zu einem Kiosk außerhalb des Parks. Er musste langsam gehen, im Gefängnis war er auf einem Auge fast blind geworden, Netzhautablösung. Manchmal sprachen ihn Leute auf der Straße an, aber das mochte ich nicht. Und wir spielten jeden Tag Mühle, er gewann immer mit dem gleichen Trick. Irgendwann dachte ich so lange darüber nach, bis ich verstand, wie er das machte. Danach spielte er nicht mehr mit mir. Ich war damals fünf, sechs Jahre alt. Man sprach bei uns nicht viel mit den Kindern. Es hatte auch etwas Gutes: Wir wurden in Ruhe gelassen, wir lebten in unserer eigenen Welt. Aber irgendetwas umgab mich, das ich nicht erklären konnte. Ich wuchs anders auf als die Kinder im Ort, ich hatte kaum Kontakt zu ihnen. Mir blieben die Dinge fremd, und ich fühlte mich nie ganz zu Hause. Ich konnte das niemandem sagen, vielleicht können Kinder so etwas nie.

Zu Hause sagte niemand »Gefängnis«, es hieß einfach nur »Spandau«. Aber irgendwann hörte ich von einem Besucher, mein Großvater sei lange eingesperrt gewesen. Ich fand das aufregend, weil ich ein Buch über den Piraten Sir Francis Drake gelesen hatte. Ich bewunderte Drake sehr, und der wurde dauernd eingesperrt. Ich fragte meine Mutter, was mein Großvater gemacht habe. Ich weiß nicht mehr, was sie sagte, es war eine sehr lange Erklärung mit lauter Wörtern, die ich nicht kannte. Aber ich erinnere mich noch an ihre Stimme, die jetzt anders als sonst klang. Es muss etwas Schlimmes sein, dachte ich, vielleicht ein Fluch wie in den Märchen.

Plötzlich war er weg. Er hatte sich nicht bei mir verabschiedet. Viel später erfuhr ich, dass er alleine sein wollte. Er zog an die Mosel in eine kleine Pension. Es war wohl alles zu viel nach 20 Jahren in der Zelle. Kurz vor seinem Tod habe ich ihn noch einmal dort gesehen. An diesem Tag interessierte ich mich für den Fluss und die Weinberge und einen Esel, der dort lebte und dauernd die Zähne bleckte. Mein Großvater war ein alter Mann mit einer Augenklappe, den ich nicht kannte. Ich erinnere mich nicht, ob er an diesem Tag überhaupt mit mir gesprochen hatte. Auf seinen Grabstein ließ er schreiben: »Ich war einer von euch«. Ein entsetzlicher Satz.

Mit zehn Jahren kam ich auf ein Jesuiteninternat. Natürlich war ich viel zu jung, aber irgendwie ging es schon, weil wir alle zu jung waren. Wir bekamen Postsparbücher mit unserem Taschengeld, vier Mark pro Monat. Am ersten Montag im Monat gaben uns die Patres die Bücher, und wir gingen zur Post, um das Geld abzuheben. Es war jedes Mal eine lange Schlange, der Beamte trug die Zahlen noch von Hand ein. Beim dritten oder vierten Mal winkte er mich nach vorne. Er sagte, er habe meinen Großvater gekannt, seine Augen glänzten. Ich könne nun immer an der Schlange vorbei direkt zu ihm kommen. Ich lief weg. Ein Pater versuchte mir an diesem Nachmittag zu erklären, was der Nationalsozialismus sei, was mein Großvater gemacht habe und warum er ins Gefängnis gekommen sei. Es war noch immer verwirrend und klang nach einer Geschichte aus einem J. R. R.-Tolkien-Buch mit fremden Wesen.

Mit zwölf Jahren begriff ich das erste Mal, wer er war. In unserem Geschichtsbuch war ein Foto von ihm: »Reichsjugendführer Baldur von Schirach«. Ich sehe es noch vor mir: Mein Name stand tatsächlich in unserem Schulbuch. Auf der anderen Seite war ein Foto von Claus von Stauffenberg, darunter: »Widerstandskämpfer«. Kämpfer klang viel besser. Neben mir saß ein Stauffenberg, ein Enkel wie ich, wir sind heute noch befreundet. Er wusste auch nicht mehr als ich.

Es dauerte noch eine Zeit, bevor der Nationalsozialismus durchgenommen wurde. Damals gab es in meiner Klassenstufe auch einen Speer, einen Ribbentrop und einen Lüninck. Nachfahren der Täter und des Widerstands – alle im selben Klassenzimmer.

Meine erste große Liebe war eine Witzleben. Geschichte schien eine Sache zu sein, mein Leben eine ganz andere.

Zu Hause konnte ich später mit allen über diese Zeit reden. Es gab keine Geheimnisse – der einzige Vorteil mit so einem Namen ist vielleicht, dass nichts verborgen bleiben kann. Wir führten endlose Diskussionen, einer meiner Onkel schrieb ein Buch über ihn. Ich habe nie begriffen, warum mein Großvater der wurde, der er war. Sein älterer Bruder Karl beging in seinem Internat, in Roßleben, Selbstmord. Er wurde 18 Jahre alt. Es heißt, er habe es nicht verkraftet, dass der Kaiser abgedankt hatte, aber ein Buch mit Buddhas Reden lag aufgeschlagen auf seinem Tisch, als er starb. Seine Schwester Rosalind wurde Opernsängerin. Sein Vater war Intendant am Weimarer Theater, seine Mutter war Amerikanerin. Ich habe ein Bild von ihr, eine schöne Frau mit einem schmalen Hals. Sie stammte von den »Mayflower«-Einwanderern ab, ein Vorfahre hatte die amerikanische Unabhängigkeitserklärung mit unterzeichnet, ein anderer war Gouverneur von Pennsylvania. Die Schirachs waren Richter, Historiker, Wissenschaftler und Verleger gewesen, die meisten dienten dem Staat, seit 400 Jahren hatten sie Bücher geschrieben. Mein Großvater wuchs in dieser großbürgerlichen Welt auf, ein behütetes, weiches Kind. Auf frühen

Bildern sieht er wie ein Mädchen aus, bis zu seinem fünften Lebensjahr sprach er nur Englisch. Er war 17, als er Hitler kennenlernte, mit 18 trat er in die NSDAP ein. Warum begeistert sich jemand, der während des Studiums morgens im Englischen Garten ausreitet, für das Dumpfe und das Laute? Warum ziehen ihn Schläger, rasierte Stiernacken und Bierkeller an? Wieso begreift er, der gerne über Goethe schrieb und Richard Strauss zum Patenonkel eines Sohnes machte, nicht schon bei der Bücherverbrennung, dass er jetzt auf der Seite der Barbaren steht? War er zu ehrgeizig, zu ungefestigt, zu jung? Und für was wäre das überhaupt wichtig? »Was war mit mir?«, sollen seine letzten Worte gewesen sein – eine gute Frage, aber keine Antwort.

Später, während des Studiums, habe ich alles über die Nürnberger Prozesse gelesen. Ich habe versucht, die Mechanismen dieser Zeit zu verstehen. Aber die Erklärungsversuche der Historiker taugen nichts, wenn es der eigene Großvater ist. Er ging in seine Loge in der Wiener Oper, ganz der sogenannte Kulturmensch, und ließ gleichzeitig den Hauptbahnhof zum Abtransport der Juden sperren. Er hörte 1943 in Posen Himmlers Geheimrede über die Ermordung der Juden – er wusste ohne jeden Zweifel, dass sie umgebracht wurden.

Unzählige Male wurde ich auf ihn angesprochen.

In jeder nur denkbaren Form: offen, unverschämt, wütend, bewundernd, mitleidig, aufgeregt. Es gab Morddrohungen und Schlimmeres, manchmal ist es zu viel. Aber das alles wird gleichgültig, wenn ich an Wien denke, belanglos. Jetzt werde ich in den Interviews zu meinem neuen Buch wieder nach ihm gefragt. Man will wissen, ob mein Leben ohne diesen Namen anders verlaufen wäre, ob ich einen anderen Beruf gewählt hätte, ob ich mich seinetwegen mit Schuld beschäftige. Solche Fragen müssen wohl sein. Die Journalisten bleiben höflich, aber sie finden es auch ein wenig seltsam, wie ich mich verhalte: Ich sage Termine ab, wenn ich glaube, es gehe zu sehr um ihn. Sie denken, ich wiche aus – und sie haben damit recht. Ich kann keine Antworten geben: Ich kannte ihn nicht, ich konnte ihn nichts fragen, und ich verstehe ihn nicht. Deshalb dieser Text. Es ist das erste Mal, dass ich über ihn schreibe, und es wird das letzte Mal sein.

Vor Gericht werden Verbrechen untersucht. Der Richter prüft, ob der Angeklagte der Täter war, danach wiegt er seine Schuld. Die meisten Verurteilten unterscheiden sich nicht sehr von uns. Sie strauchelten, fielen aus der normalen Gesellschaft, sie glaubten, ihr Leben sei ausweglos. Oft ist es nur Zufall, ob ein Mensch Täter oder Opfer wird. Geliebtentötung und Selbstmord liegen nah beieinander.

Das, was mein Großvater tat, ist etwas völlig anderes. Seine Verbrechen waren organisiert, sie waren systematisch, kalt und präzise. Sie wurden am Schreibtisch geplant, es gab Memoranden dazu, Besprechungen, und immer wieder traf er seine Entscheidung. Der Abtransport der Juden aus Wien sei sein Beitrag zur europäischen Kultur, sagte er damals. Nach solchen Sätzen ist jede weitere Frage, jede Psychologie überflüssig. Manchmal wird die Schuld eines Menschen so groß, dass alles andere keine Rolle mehr spielt. Natürlich, der Staat selbst war verbrecherisch, aber das entschuldigt Männer wie ihn nicht, weil sie diesen Staat erst erschufen. Mein Großvater brach nicht durch eine dünne Decke der Zivilisation, seine Entscheidungen waren kein Missgeschick, kein Zufall, keine Unachtsamkeit. Heute fragen wir in einem Strafverfahren, ob dem Angeklagten bewusst war, was er tat, ob er es noch verstehen, ob er noch Recht von Unrecht unterscheiden konnte. Das alles ist für meinen Großvater schnell beantwortet. Gerade seine Schuld wiegt schwer: Er stammte aus einer Familie, die seit Jahrhunderten Verantwortung trug. Seine Kindheit war glücklich, er war gebildet, die Welt stand ihm offen, und er hätte sich leicht für ein anderes Leben entscheiden können. Er wurde nicht unschuldig schuldig. Es sind immer auch die Voraussetzungen eines

Menschen, die am Ende das Maß seiner Schuld bestimmen.

Die Schuld meines Großvaters ist die Schuld meines Großvaters. Der Bundesgerichtshof sagt, Schuld sei das, was einem Menschen persönlich vorgeworfen werden könne. Es gibt keine Sippenhaft, keine Erbschuld, und jeder Mensch hat das Recht auf eine eigene Biografie. In meinem Buch schreibe ich nicht über ihn und nicht über seine Generation. Ich weiß nichts von diesen Männern, was nicht schon tausendfach gesagt und erforscht wurde. Unsere Welt heute interessiert mich mehr. Ich schreibe über die Nachkriegsjustiz, über die Gerichte in der Bundesrepublik, die grausam urteilten, über die Richter, die für jeden Mord eines NS-Täters nur fünf Minuten Freiheitsstrafe verhängten. Es ist ein Buch über die Verbrechen in unserem Staat, über Rache, Schuld und die Dinge, an denen wir heute noch scheitern. Wir glauben, wir seien sicher, aber das Gegenteil ist der Fall: Wir können unsere Freiheit wieder verlieren. Und damit verlören wir alles. Es ist jetzt unser Leben, und es ist unsere Verantwortung.

Ganz am Ende des Buches fragt die Enkelin des Nazis den jungen Strafverteidiger: »Bin ich das alles auch?« Er sagt: »Du bist, wer du bist.« Das ist meine einzige Antwort auf die Fragen nach meinem Großvater. Ich habe lange für sie gebraucht.

Die Bühne der Weimarer Republik

Der Fotograf Leo Rosenthal

Wände und Bänke sind aus dunklem Holz. Unter dem Regenmantel ein hellblaues Hemd. Es steht offen. Gut geschnittener Kopf, weiße Haare und dunkle Augenbrauen, hellgraue Bartstoppeln, die Arme über der Brust verschränkt. Dominique Strauss-Kahn wartet auf seinen Richter. Das Foto ist alles: Anklage, Schuldgeständnis, Verurteilung. Er wird wohl nie wieder ein hohes öffentliches Amt bekleiden können. Die Kamera ist der moderne Pranger: Sie lichtet ab, und sie richtet.

Manche Bilder aus Strafverfahren bleiben für immer im Gedächtnis. Die Männer des Widerstands vor dem Volksgerichtshof: Moltke – souverän; Witzleben muss seine Hose festhalten, weil ihm der Gürtel weggenommen wurde. 1945 die Hauptkriegsverbrecher im Nürnberger Prozess: Göring, immer noch überheblich, lümmelt sich halb auf die Brüstung, Heß scheint schon damals wirr. Hinter den Angeklagten die weißen Helme der Soldaten. 1968 Baader und Ensslin im Brandstifterprozess: Die Terroristen wirken wie in einem Godard-Film, Kultfiguren, die später zu Mördern werden. Gerichtsfotos haben etwas Magisches, wir betrachten sie genauer als andere Bilder, vielleicht weil wir die Schuld auf ihnen erkennen wollen.

Aber es gibt nur wenige Fotos, die in Deutschland während einer Hauptverhandlung gemacht wurden. Natürlich sind Prozesse heute öffentlich. Die Zeiten der Geheimjustiz waren so schrecklich, dass das Bürgertum im vorletzten Jahrhundert selbstbewusst forderte, die Gerichte sollen durch die Öffentlichkeit kontrolliert werden. Niemand wollte mehr eine Staatsmacht, die hinter verschlossenen Türen über das Volk urteilt. Im Gerichtsverfassungsgesetz steht es: »Die Verhandlung vor dem erkennenden Gericht einschließlich der Verkündung der Urteile und Beschlüsse ist öffentlich.« Aber eine Öffentlichkeit wie in Amerika wollte man nie. Nur die Menschen, die gerade vor der Tür standen, waren im Gerichtssaal willkommen. Die Juristen erfanden sogar ein Wort dafür: »Saalöffentlichkeit«. Einzig der Richter kann das Fotografieren während der

Verhandlung erlauben. Ich habe es als Anwalt noch nie erlebt.

Leo Rosenthal, ein Fotograf während der Weimarer Republik, hielt sich nicht an solche Vorgaben. Wir können froh sein, dass er es nicht tat. 1500 seiner Fotos befinden sich im Berliner Landesarchiv, die besten von ihnen präsentiert nun ein Bildband, aufgenommen in den Gerichtssälen Berlins*.

Rosenthal wurde als Sohn einer Kaufmannsfamilie 1884 in Riga geboren. Wohlhabende Eltern, Gymnasium, Studium der Rechtswissenschaften in Dorpat. Bis zur Februarrevolution 1917 war er Strafverteidiger in Moskau. Als der Zar abdanken musste, wurde Rosenthal Gefängnisdirektor, später Sekretär des Roten Kreuzes. Nach dem Oktoberputsch der Bolschewiki wurde Moskau für einen bürgerlichen Intellektuellen zu gefährlich. Rosenthal zog nach Berlin. Von 1920 bis 1933 arbeitete er als Gerichtsberichterstatter des »Vorwärts«. Er lebte in Pensionen zur Untermiete, in möblierten Zimmern. »Es ist ein schreckliches Leben, das man führt«, zitiert Bianca Welzing-Bräutigam, die eine Ausstellung seiner Gerichtsfotografien kuratierte, aus einem Brief Rosenthals von 1924. Im März 1933 wurde der »Vorwärts« erst von den Nazis gestürmt und dann von ihnen ver-

* Leo Rosenthal. Ein Chronist der Weimarer Republik. Verlag Schirmer/Mosel, München; 160 Seiten.

boten. Rosenthal, als Jude ohnehin gefährdet, floh nach Riga, später nach Paris, dann Vichy und weiter über Marseille und Casablanca schließlich nach New York. Er hat überlebt. Seine Familie blieb in Riga, und alle – Mutter, Brüder, Schwestern, Schwager und Schwägerin – wurden 1941 im Ghetto umgebracht.

In Amerika arbeitete Rosenthal zuerst als Bibliothekar auf der Gefängnisinsel Rikers Island, ab 1945 als Fotograf bei den Vereinten Nationen. Mit 85 Jahren starb er 1969 in New York. Ein Leben wie aus einem Roman.

Obwohl es schon seit 1925 die viel kleinere Leica gab, fotografierte Leo Rosenthal mit einer Mittelformatkamera, er tat es wohl meistens heimlich. Die alten Gerichtssäle in Moabit sind dunkel, er konnte trotzdem keinen Blitz verwenden. Seine Aufnahmen sind oft unterbelichtet und durch die langen Verschlusszeiten verwackelt und unscharf. Aber das ist kein Handicap: Die Bilder werden genau dadurch lebendig, es ist das Licht der Gerichtssäle, das die Regie führte. Der Reiz der Bilder liegt darin, dass sie im Verborgenen entstanden: Die Menschen wussten nicht, dass sie fotografiert werden. Und mit ihren eleganten Kleidern, ihren Hüten, Brillen und Gamaschen wird durch die Kamera plötzlich diese untergegangene Welt wieder lebendig.

Berlin, reich geworden auch durch die Kriegsanleihen des Bankiers Bleichröder, war in den zwanziger Jahren nur noch ein Chaos. Die Menschen hatten gelernt, dass es keine Regeln mehr gibt. Von Berlin war der Erste Weltkrieg ausgegangen, bis dahin hatte es ein starres militärisches Ordnungssystem gegeben, ein fast ständisches Regelwerk. Die Soldaten, die daran geglaubt hatten, waren erschossen worden, oder sie kamen verstümmelt und gebrochen in die Stadt zurück. Der Kaiser hatte sich unehrenhaft davongemacht – die alte Welt war in Stücke geschlagen. Jetzt gab es andere Reize in Berlin. Der Kurfürstendamm und die Friedrichstraße erblühten, es wurde das Regellose gefeiert. Erich Kästners Fabian verlor sich als letzter Moralist im Sumpf der Bordelle und der Unterwelt dieser tobenden Großstadt.

Während Vladimir Nabokov, Alfred Döblin, Robert Musil und Joseph Roth hier schrieben, lebten in der Hauptstadt am Vorabend der Machtergreifung auch die gerissensten Betrüger, die intelligentesten Bankräuber und die grässlichsten Mörder. Verbrecher wurden die neuen Könige der Stadt. Zwar lieferte der Adel noch, wie schon zu Bismarck-Zeiten, der Boulevardpresse durch Meineids- und Beleidigungsprozesse ständig neuen Stoff, die fast immer mit dem Adjektiv »pikant« untertitelt wurden. Aber die Berliner Unterwelt interessierte die Bevölkerung mehr.

Schon 1890 war der erste »Ringverein« gegründet worden, ein Verein zur Unterstützung ehemaliger Strafgefangener. In den zwanziger Jahren wurden diese Ringvereine zu kriminellen Vereinigungen. Sie »machten in Prostitution«, verschoben Alkohol, erpressten Schutzgeld von Gastwirten und Geschäftsleuten, lieferten sich Straßenschlachten mit anderen Vereinen und der Polizei und ermordeten eigene Mitglieder. Al Capone war ihr Vorbild. »Muskel-Adolf«, mit bürgerlichem Namen Adolf Leib, war der legendäre Vorsitzende des Ringvereins »Immertreu«. Er wohnte praktisch in seiner Kneipe, der »Mulackritze« im Berliner Scheunenviertel, und beherrschte das Einschüchtern von Zeugen so gut, dass er nur ein einziges Mal zu ein paar Monaten auf Bewährung verurteilt wurde. Später beriet er den Regisseur Fritz Lang bei dessen Film »M – Eine Stadt sucht einen Mörder«.

Durch die großen Verbrechen wurde es auch die Zeit der großen Prozesse. Das gewaltigste Strafgericht Europas steht in Moabit, schon die Eingangshalle ist eine Kathedrale. Hier war ihre Bühne. Cornelia Vismann erklärt in ihrem eben erschienenen, überaus klugen Buch »Medien der Rechtsprechung« die theatrale Dimension der Hauptverhandlung. Letztlich, so sagt sie, sei der Gerichtssaal eine Bühne. Der Unterschied ist, dass die Tat im Gericht nicht nachgespielt wird, sie wird in Sprache übersetzt. Aber immer ist der Prozess auch ein Theaterstück.

Berlins Richter waren unterbezahlt, hatten aber ihren guten Ruf aus dem 18. Jahrhundert gerettet. »Es gibt noch Richter in Berlin« soll der stolze Ruf des Potsdamer Müllers gelautet haben, als Friedrich der Große seine Mühle verbieten wollte. Natürlich ist das eine Legende, aber sie zeigt, dass die Richter in der preußischen Hauptstadt sich gegen den König behaupteten. Sie waren in den zwanziger Jahren des letzten Jahrhunderts nur vereinzelt politisch – die Bevölkerung vertraute ihnen noch. Und diese Jahre machten Strafverteidiger berühmt, die vielleicht zum ersten Mal ausschließlich die Interessen ihrer Mandanten vertraten. Max Alsberg und Erich Frey mit seinem blitzenden Monokel waren die Stars. Alsberg vertrat den deutschen Kaiser, verteidigte Hugo Stinnes wegen Handels mit Kriegsanleihen und Carl von Ossietzky, den Herausgeber der »Weltbühne«, gegen den Vorwurf des Landesverrats. Er vertrat Mörder, »Sittlichkeitsverbrecher« und Betrüger. Er rettete Menschen vor der Todesstrafe und Bankiers vor dem Gefängnis. Alsberg schrieb Theaterstücke über die Justiz, »Voruntersuchung« wurde auch im Ausland aufgeführt und sogar verfilmt. Er fuhr einen Rolls-Royce mit Chauffeur, bewohnte eine schlossartige Villa im Grunewald und war ein genialer Jurist.

Der Autor Walther Kiaulehn erzählt in seinem Buch »Berlin. Schicksal einer Weltstadt« eine Anekdote: Alsberg kam zu einem Termin zu spät. Das Gericht wollte sich gerade zur Beratung zurückziehen, als er in den Saal stürmte und den Richtern hinterherrief: »Paragraf 210 und 211, Absatz drei und fünf!« Der Vorsitzende verkündete später den Freispruch, weil sich das Gericht den »überzeugenden Ausführungen Professor Alsbergs angeschlossen« habe.

Die zwanziger Jahre waren auch die Zeit der Gerichtsreporter. Der begabteste unter ihnen war Paul Schlesinger (1878 bis 1928), der unter dem Kürzel »Sling« in der »Vossischen Zeitung« schrieb. Gerhard Mauz nannte ihn einmal den »einzigen wirklich legendären Gerichtsberichterstatter Deutschlands«. Die Zeitungen damals lebten nicht nur von Neuigkeiten, sondern vor allem von Gerichtsreportagen und Theaterkritikern. Wer Alfred Kerr beschäftigte, konnte sicher sein, seine Zeitungen zu verkaufen. Und wenn man sich heute die alten Ausgaben ansieht, könnte man glauben, Gericht und Theater seien wirklich das Gleiche gewesen. Leo Rosenthal war mit seinem Beruf zur richtigen Zeit am richtigen Ort. Und er machte die richtigen Fotos.

Die Brüder Sass waren die Gentlemen unter den Bankräubern. Auf Rosenthals Foto sehen die beiden jungen Männer wie freundliche, etwas zu ernste Abiturienten aus. Die Brüder gruben einen Tunnel unter der Straße, brachen geräuschlos durch Zwischengeschosse und Decken in Banken ein und öffneten die Tresore mit Schneidbrennern – damals eine Revolution im Raubgewerbe. Die Polizei nahm sie oft fest, konnte sie aber lange nicht überführen. Nach ihrer Freilassung luden sie zur Feier Journalisten in ein Nobelrestaurant ein, nachts verteilten sie Geld an bedürftige Berliner. Vor den Nazis flohen sie nach Dänemark, begingen dort einen Einbruch in die große Kopenhagener Girokasse, wurden gefasst und saßen vier Jahre ab. Später wurden sie nach Berlin ausgeliefert, in einem lang dauernden Verfahren zu hohen Strafen verurteilt und schließlich in das KZ Sachsenhausen überstellt. Sie wurden 1940 auf Befehl »bei Widerstand« erschossen. Rosenthal machte sie nicht zu hässlichen Kriminellen, sie sind bei ihm keine dunklen Gestalten. Auf den Fotos sehen sie aus wie die Normalsten in dieser entfesselten Stadt.

Auch der erste bedeutende Kunstfälscherprozess fand in Moabit statt. Fast 50 Fotos hat Rosenthal im Verhandlungssaal machen können, einige sind in dem Buch abgedruckt. Otto Wacker, ein Kunsthändler, verkaufte mehr als 30 gefälschte Van-Gogh-Gemälde, die vermutlich sein Vater hergestellt hatte. Die Gemälde wurden geröntgt, die Kunstexperten widersprachen sich in ihren Gutachten. Der Angeklagte Wacker verteidigte sich stehend. Auf einem Foto sieht er aus wie Oscar Wilde, feine Gesichtszüge, Nadelstreifenanzug, blasiert, wunderbar arrogant. Das Bild erzählt eine ganze Geschichte.

Es gibt in Rosenthals Buch viele Aufnahmen großer politischer Prozesse dieser Zeit. Adolf Hitler, verwackelt, mit halboffenem Mund im »Edenpalast«-Prozess. Die SA hatte im November 1930 eine Veranstaltung eines Arbeitervereins im Tanzpalast »Eden« in Charlottenburg gestürmt. Hans Litten, ein hochbegabter, sehr junger Rechtsanwalt, vertrat die Nebenklage gegen die angeklagten SA-Mitglieder. Litten beantragte, Hitler als Zeugen zu vernehmen, weil er beweisen wollte, dass die SA mit Billigung der Führung gehandelt hatte. Das Gericht gab dem Antrag statt. Hunderte Demonstranten belagerten Moabit, die Presse beobachtete den Prozess. Die Angeklagten sprangen auf, als Hitler den Saal betrat, und hoben die Hand zum Hitlergruß. Litten befragte ihn brillant. Er trieb ihn in die Enge, Hitler war außer sich. Littens Sekretärin sagte später, Hitler habe sich wie eine hysterische Köchin benommen und geschrien, während Litten völlig ungerührt geblieben sei. Nach dem Prozess wurde gegen Hitler ein Verfahren wegen Meineids eingeleitet. Der junge Anwalt hatte Erfolg – und damit sein Todesurteil unterschrieben. Für die NS-Zeitung »Der Angriff« war er jetzt nur noch »der anarchistische Rechtsanwalt Litten, ein Halbjude mit ungeschorenem Haar«. In der Nacht des Reichstagsbrands wurde Litten verhaftet. Er kam nie mehr frei und erhängte sich 1938 im KZ Dachau.

Rosenthal konnte auch Joseph Goebbels fotografieren. Kantiges Gesicht, nach unten gezogene Mundwinkel, perfekt sitzender Anzug. Goebbels verachtete das Gericht. Er musste sich in zahllosen Prozessen wegen Beleidigung und Körperverletzung verteidigen und wurde immer wieder verurteilt. Er nutzte die Prozesse als Bühne für seine Propaganda. Es gab Applaus aus dem Zuschauerraum und SA-Aufmärsche vor dem Gericht.

Zahlreiche weitere Personen der Zeitgeschichte tauchen in dem Buch auf. Albert Einstein im hellen Anzug als Zeuge in einem unbekannten Prozess. Robert Musil, aufmerksam und ernst, im Mantel mit Fliege auf der Zuschauerbank, während er eine Hauptverhandlung gegen einen persischen Studenten wegen Beleidigung des Schahs beobachtet. Paul Jorns als Angeklagter mit gefalteten Händen über einer Akte – 1919 hatte er als Untersuchungsrichter die Mörder von Rosa Luxemburg und Karl Liebknecht gedeckt. Es gibt Bilder von Ernst Reuter, Hilde Benjamin, Bernhard Weiß, Erich Mühsam, Roland Freisler, Wilhelm Hintze und den Schauspielerinnen Martha Eggerth und Gitta Alpar im Gericht.

Aber es gibt auch die anderen Aufnahmen: Sie erzählen vom Leben der kleinen Leute, von Gestrauchelten, die vor Gericht enden. Auf einem Bild steht ein Mann ohne Beine auf seinen Stumpen, die Arme auf dem Rücken. Er ist kaum größer als der Verteidigertisch, sein Schädel rasiert. Offensichtlich musste er sich vor einem Schöffengericht verantworten: Ein Berufsrichter liest in der Akte, die beiden Schöffen tragen Anzug und Krawatte. Rosenthal paraphrasiert die Szene in einer Bildunterschrift:

»Richter: Wie konnten Sie bei Ihren Beinen das Auto stehlen?

Der Krüppel: Weshalb sollte ich denn nicht gekonnt haben? War ja ganz einfach.«

Der Gerichtsreporter »Sling« schrieb einmal: »Der Mensch, der schießt, ist ebenso unschuldig wie der Kessel, der explodiert, die Eisenbahnschiene, die sich verbiegt, der Blitz, der einschlägt, die Lawine, die verschüttet. Alles tötet den Menschen, auch der Mensch tötet den Menschen. Nutzlosigkeit der Strafe und die Unschuld des Menschen gäben uns ja eigentlich Veranlassung, dies Strafgesetzbuch zu zerreißen; aber wir tun es nicht, denn noch blieb ein Strafzweck übrig: die Abschreckung. Seitdem strafen wir Unschuldige, um andere Unschuldige von der Explosion abzuschrecken.« Und wie »Sling« ist es Rosenthal gleichgültig, ob dieser Mensch Angeklagter, Verteidiger oder Richter ist. Seine Bilder sind keine Blicke durchs Schlüsselloch. Sie wollen keine Sensationen, nie sind sie weinerlich, pathetisch oder triumphierend.

Auf einem Bild ist ein Mann zu sehen, den Rosenthal »Naturmensch« nennt, es gibt keine Angaben über eine mögliche Tat und die Anklage, die damals verhandelt wurde. Es ist das merkwürdigste Foto in dem Buch. Lange Haare, wilder Bart, kurze Hosen und Kniestrümpfe, der Mann sieht verwirrt aus, er scheint nicht zu verstehen, weshalb er vor Gericht steht. Es wäre leichter gewesen, den »Naturmenschen« wie ein exotisches Tier auszustellen, aber Rosenthal tat etwas ganz anderes: Er ließ ihm seine Würde.

Rosenthals Leben war so zerrissen wie die Zeit, in der seine Bilder entstanden. Sie gleichen den Reportagen von »Sling«, weil sie die Menschen nie vorführen, sondern zeigen, wie sie sind.

In Moabit hat sich seit Rosenthals Bildern nichts verändert. Nicht die Richter und nicht die Angeklagten. Der Mensch und seine Schuld sind gleich geblieben. Nur die alten Tapeten gibt es nicht mehr.

Zur Not ein Gesetz

Feminismus und Justiz

»Mad Men« ist eine Serie über eine amerikanische Werbeagentur. Sie wurde von Matthew Weiner erfunden, der auch Drehbücher für »Die Sopranos« verfasste. Die Filme sind phantastisch. Das ZDF-Programm Neo bewarb sie mit dem Trailer: »Hinter jeder erfolgreichen Frau steht ein Mann, der ihr auf den Arsch glotzt.« Das könnte man auch freundlicher sagen, aber der Satz trifft es. Die frühen Sechzigerjahre werden – politisch völlig unkorrekt – in jedem Detail nachgezeichnet: Alle rauchen unglaublich viel und trinken zu jeder Tageszeit, die Frauen tragen spitze BH und enge Korsagen, sie werden von den Männern richtig schlecht behandelt.

In der ersten Folge sitzt eine Sekretärin bei einem Frauenarzt auf einer gynäkologischen Liege und liest.

Der Arzt zündet sich eine Zigarette an und nimmt ihr das Buch aus der Hand. Sie legt sich hin. Der Arzt sitzt rauchend zwischen ihren Beinen. Er sagt: »Sie interessieren sich für die Antibabypille? Ich verurteile niemanden einfach so. Es ist nicht falsch, wenn eine Frau eine praktische Einstellung zu sexuellen Aktivitäten hat ... Spreizen Sie die Knie ... Obwohl ich sehr hoffe, dass die Frau, die man als Arzt so unterstützt, sich nicht in eine Art Wanderpokal verwandelt. Aber ich warne Sie: Ich setze das Präparat ab, wenn Sie es missbrauchen.« Er schreibt ein Rezept aus, die Pille kostet elf Dollar pro Monat. Zur Verabschiedung sagt er: »Aber hüpfen Sie jetzt nicht durch alle Betten, um Ihr Geld wieder reinzukriegen.«

In Deutschland gibt es zurzeit eine Art Feminismusdebatte. Ausgelöst haben sie die junge Bundesfamilienministerin Kristina Schröder, 33, und die Frauenrechtlerin Alice Schwarzer, 68. Vor vier Wochen gab Kristina Schröder dem SPIEGEL ein Interview. Über ihre Antworten konnte man, höflich gesagt, nur verwundert sein. Auf die Frage, ob der Feminismus die Frauen glücklicher gemacht habe, sagte sie: »Ich glaube, dass zumindest der frühe Feminismus teilweise übersehen hat, dass Partnerschaft und Kinder Glück spenden.« Der Arzt aus »Mad Men« hätte der Ministerin zugestimmt – das Buch, das er seiner Patientin aus der Hand nimmt, trägt den Titel: »Es ist Ihre Hochzeitsnacht. Wie man eine gute Ehefrau wird«.

Als der Ministerin vorgehalten wird, dass von 185 Dax-Vorständen 181 männlich seien, kommt noch Erstaunlicheres: Eine Frauenquote in der Wirtschaft bedeute die Kapitulation der Politik, Wirtschaft sei für sie in erster Linie freies Handeln ohne staatliche Vorschriften. Sie sagt das tatsächlich im Jahr 2010. Die Finanzkrisen liegen noch nicht einmal hinter uns, fehlende staatliche Aufsicht hätte uns beinahe ruiniert.

Schlimmer aber ist, dass Kristina Schröder von sich aus nicht anerkennt, dass sie nur Ministerin werden konnte, weil es Frauen wie Alice Schwarzer gibt. Natürlich, nach einer Revolution mag niemand mehr die Revolutionäre, sie sind zu laut, sie scheinen nicht mehr in die Zeit zu passen. Und es ist auch wirklich nicht leicht, Alice Schwarzer zu mögen – zurzeit schreibt sie Grobheiten in der »Bild« über einen Vergewaltigungsprozess, sie liegen weit unter ihrem Niveau. Kristina Schröder muss sich kein Bild von Alice Schwarzer auf den Nachttisch stellen. Aber sie muss sich bewusst sein, dass sie nur wegen der anstrengenden Feministinnen der siebziger Jahre das werden konnte, was sie ist – das ist keine Schande, und sie sollte sich diese Erkenntnis nicht erst von Journalisten am Ende eines Interviews abnötigen lassen. Sie hat als Familienministerin die Interessen der Frauen zu vertreten. Was sie in dem Interview sagte, war nicht nur albern, vor allem war es falsch.

Am 2. Juli 2001 schlossen Bundesregierung und Wirtschaft eine Vereinbarung, sie sollte die Chancengleichheit von Frauen und Männern fördern. Die Bundesregierung hatte sich dabei verpflichtet, so lange nicht durch Gesetze einzugreifen, wie die Vereinbarung tatsächlich umgesetzt wird. Zunächst auf Freiwilligkeit zu setzen ist in einer Demokratie vernünftig. Das Problem ist nur: Die Vereinbarung wird nicht umgesetzt. Das Ministerium erklärt das sogar selbst. Auf der Internetseite dort heißt es: »Der Anteil von Frauen in Führungspositionen bleibt in der Privatwirtschaft ebenso wie im öffentlichen Dienst deutlich hinter den Erwartungen zurück.«

Die Betonung liegt auf »deutlich«, die Zahlen sind erschreckend. Betrachtet man die Frauen in Führungspositionen, liegt Deutschland weit unter dem europäischen Durchschnitt (26,5 Prozent zu 32,3 Prozent). In Frankreich ist die Quote bei 37,8 Prozent, in Litauen sogar bei 44 Prozent. Unter den Vorständen der 200 größten Unternehmen in diesem Land gibt es nur 3 Prozent Frauen. Und eine McKinsey-Studie hat die Frauenquote in den Vorständen von 362 börsennotierten Unternehmen in den Industrie- und

Schwellenländern untersucht. Das Ergebnis bestätigt den Trend: Deutschland und Indien teilen sich den letzten Platz. Das alles lässt sich nicht damit abtun, dass Frauen Konkurrenzkampf nicht mögen.

Wenn man Anwalt ist und in der Welt der Strafjustiz lebt, bekommt man davon kaum etwas mit. Am Landgericht Berlin gibt es 55 Vorsitzende Richter, 24 davon sind Frauen, eine Quote von 43,6 Prozent. Ich kenne keinen Anwalt in meiner Generation, der sich in einem Prozess darüber Gedanken machen würde, ob die Richter Frauen oder Männer sind. Natürlich, es gibt gute und schlechte Richter, gute und schlechte Anwälte, aber niemand käme auf die Idee, ihre Qualität nach dem Geschlecht zu beurteilen.

Wenn man nicht nur Anwalt ist, sondern auch Bücher schreibt, lernt man noch eine ganz andere Welt kennen: die Welt der Literatur und des Journalismus. In den Verlagen scheint alles höflicher, heller und erfreulicher. Aber die verknöcherte Justiz ist offenbar moderner als die Welt des Journalismus: Kluge Frauen dürfen kluge Artikel schreiben, aber sonst dürfen sie nichts. Bei der Einstellung von Juristen geht es nur um ein ordentliches Examen, Elternzeit ist unproblematisch. Es gab sogar einen Richter am Bundesgerichtshof, der sich für seine Kinder beurlauben ließ. Auch wenn sie viel arbeiten müssen: Richter sind unabhängig, sie können ihre

Zeit frei einteilen. Und der Aufstieg in der Justiz hängt fast nur von Leistung ab. Alles Umstände, die Frauen entgegenkommen. Gesetze scheinen doch zu helfen.

In den Presseverlagen hingegen sind praktisch alle Führungspersonen Männer. Das ist so bei Springer (84 Prozent), bei Burda (77 Prozent), beim SPIEGEL (76,5 Prozent) und bei Gruner + Jahr (70 Prozent). Nur bei der »Zeit« sind die höheren Posten zur Hälfte von Frauen besetzt. In den Buchverlagen sieht es nicht anders aus. Wenn aber das seit Jahren die Zahlen sind im aufgeklärtesten Zweig der Wirtschaft, scheint festzustehen, dass niemand freiwillig etwas ändert. Die Ministerin muss also – wie es zurzeit ihre persönliche Web-Seite verspricht – »die Rubrik Ziele überarbeiten«. Und wenn wir nur durch ein Gesetz etwas verbessern können, dann muss es eben ein Gesetz sein. Dass Änderungen nötig sind, scheint selbst die CSU erkannt zu haben: Sie führte auf ihrem letzten Parteitag eine Frauenquote ein. Das alles hat überhaupt nichts damit zu tun, dass Kinder Glück bedeuten können.

Wie zögerlich Kristina Schröder ist, wenn es um die Rechte der Frauen geht, wird bei einer ganz anderen Debatte deutlich. Vor ein paar Wochen sprach der Bundesgerichtshof einen Arzt frei. Er hatte sich selbst angezeigt, weil er eine befruchtete Eizelle auf genetische Schäden untersucht hatte, bevor er sie einer Frau einpflanzte. Die Untersuchung wird Präimplantationsdiagnostik (PID) genannt, sie wird unproblematisch im Reagenzglas durchgeführt. Unter Führung der Kanzlerin stimmte der CDU-Parteitag im November für ein Verbot der PID. Würde der Beschluss Gesetz, müsste die Frau die genetisch defekte Eizelle zunächst austragen, erst den Embryo dürfte sie untersuchen und gegebenenfalls abtreiben lassen. An Zynismus ist das kaum zu überbieten, Frauen würden wie Zuchtvieh behandelt und in das psychische Elend einer Abtreibung gestürzt. Dabei geht es nicht um christliche Werte; es sind einige deutsche Bischöfe, die man nicht verärgern will.

Von Kristina Schröder hat man auf dem Parteitag kaum etwas gehört, sie stellte sich nicht schützend vor die ihr anvertrauten Frauen. Lediglich in »engen Grenzen« wolle sie die PID befürworten, nämlich bei »schwerer erblicher Vorbelastung der Eltern«. Der Anwalt des Arztes, der Berliner Strafverteidiger Daniel Krause, fasste in seinem Plädoyer vor dem Bundesgerichtshof das Problem zusammen. Er sagte: »Die Achtung der Menschenwürde verträgt keine Bigotterie.« Dem ist nichts hinzuzufügen.

Gerichte haben nicht die Aufgabe, Politik zu machen. Trotzdem werden die großen Fragen unseres Zusammenlebens immer öfter vom Bundesverfassungsgericht entschieden. Schon im Dezember 1952 ärgerte sich Konrad Adenauer über dieses Gericht, ihm gefiel dessen Machtfülle nicht. »Dat ham wir uns so nich vorjestellt«, sagte er. Aber wenn die Politik es nicht schafft, die Interessen der Menschen auszugleichen, müssen die Richter entscheiden. Und hier gibt es jetzt eine erfrischend neue, eine wirkliche Vertreterin der Frauen: Susanne Baer.

Sie wurde vor Kurzem in den Ersten Senat des Bundesverfassungsgerichts gewählt. Ihre Dissertation mit dem Titel »Würde oder Gleichheit?« erschien 1995. Es geht ihr um die »angemessene grundrechtliche Konzeption von Recht gegen Diskriminierung«, sie beschäftigte sich mit der sexuellen Belästigung am Arbeitsplatz. Susanne Baer sagt, das Recht der USA schütze Frauen umfassender als das in Deutschland. Das trifft zu: Unsere Verfassung will zuerst den gesellschaftlichen Konsens, das Recht der USA dagegen stellt den Einzelnen in den Mittelpunkt.

Susanne Baer ist eine moderne Feministin, ihre Dissertation ist feingliedrig, differenziert und manchmal radikal. Dem Bundesverfassungsgericht kann man zu der neuen Richterin nur gratulieren. Selbst wenn man ihre Ansichten nicht immer teilen kann: Auch im Beratungszimmer lebt das Recht vom Streit. Ein PID-Verbot wäre sicher verfassungswidrig. Sollte es trotzdem Gesetz werden, ist es nur eine Frage der

Zeit, bis Susanne Baer darüber mitentscheiden wird. Ihre deutliche Stimme für die Rechte der Frauen im höchsten deutschen Gericht ist notwendig. Und sie ist erfreulich.

Wahrheit und Wirklichkeit

Die Prozesse gegen Verena Becker
und Jörg Kachelmann

Als ich das erste Mal das Johannesevangelium abschreiben sollte, war ich zwölf Jahre alt. Ich ging auf ein Jesuiteninternat, und wir hatten wieder etwas angestellt. Ich weiß nicht mehr, was es war, wahrscheinlich hatten wir den ausgestopften schwarzen Orang-Utan vors Lehrerzimmer gestellt, oder wir waren in die Domkuppel geklettert, irgendetwas in dieser Art jedenfalls. Die Strafe war drakonisch, das Johannesevangelium ist für einen zwölfjährigen Jungen wirklich sehr lang. Der Pater sagte, er meine es gut mit uns. Wir saßen an unseren Pulten und schrieben und schrieben. Die Fenster standen offen, draußen war es warm, wir konnten die anderen Kinder auf dem Sportplatz hören. Wir sahen uns an und waren uns sicher, dass das ganze glückliche Leben für immer ohne uns stattfinden würde.

Nach drei Stunden wurde die Strafe erlassen. Aber der Pater las uns zum Abschluss eine Stelle aus dem Evangelium vor. Ich weiß nicht, warum er es tat, vermutlich wollte er uns klarmachen, was Schuld ist. Damals hörte ich zum ersten Mal bewusst den seltsamen Dialog zwischen Jesus Christus und Pontius Pilatus. Pilatus kannte ich natürlich aus dem Glaubensbekenntnis, dort kam er nicht gut weg. Ich stellte ihn mir als brutalen Mann vor, der Jesus quälte und ihn schließlich verurteilte. Seine kluge Frage nach der Wahrheit habe ich erst viel später verstanden.

In Wirklichkeit war Pilatus der Statthalter des römischen Kaisers Tiberius in der Provinz Judäa. Es gibt zahllose Legenden über ihn, aber historisch gesichert ist wenig. Wahrscheinlich war er ein durchschnittlicher Staatsbeamter, abgestellt in der Provinz, weit weg von Rom, überarbeitet, angestrengt und genervt von dem neuen Verfahren. Pilatus war nach römischem Recht der höchste Richter in der Provinz, er traf die letzten Entscheidungen. Jesus wurde ihm vorgeführt, die Anklage hatte Tod durch Kreuzigung beantragt. Nach dem Johannesevangelium sagte er zu Jesus: Also bist du doch ein König? Jesus antwortete: Du sagst es, ich bin ein König. Ich bin dazu geboren und dazu in die Welt gekommen, dass ich für die Wahrheit Zeugnis ablege. Jeder, der aus der Wahrheit ist, hört auf meine Stimme. Pilatus sagte zu ihm: Was ist Wahrheit? (Joh. 18,38). Und nun kommt es: Pilatus wartet nicht auf die Antwort, er wendet sich ab und erklärt, er fände keinen Grund, Jesus zu verurteilen.

Ich stelle mir vor, dass Pilatus nur mit den Schultern zuckte und sagte: »Was ist schon Wahrheit.« Der Tatnachweis gegen Jesus war nicht zu führen, er beanspruchte kein weltliches Reich. Pilatus überließ die Entscheidung dem Volk und wusch seine Hände in Unschuld. Vielleicht hat er aber mit seiner Frage nach der Wahrheit nur die Antwort gegeben, die auch 2000 Jahre später jeder Richter geben muss. Sie ist ärgerlich, aber es gibt keine andere, und jeder, der in der Strafjustiz arbeitet, muss sie mühsam lernen: Die Wahrheit eines Verfahrens ist nur eine Theorie über die Wirklichkeit.

Zurzeit beschäftigen zwei Hauptverhandlungen die Öffentlichkeit, zwei Indizienprozesse, und wieder wird in beiden Verfahren die Antwort auf die Frage nach der Wahrheit unbefriedigend sein.

Verena Becker ist wegen Mordes an dem Generalbundesanwalt Siegfried Buback angeklagt. Buback wurde 1977 ermordet, die Anklage geht davon aus, sie sei dabei gewesen. Bubacks Sohn sagt, er wolle nur die Wahrheit wissen. Aber er verschwieg, dass er vor anderthalb Jahren einen Hinweis auf den Verbleib des Motorrads erhielt, das von den Tätern bei der Tat benutzt wurde. Natürlich ist so ein Beweismittel enorm wichtig. Buback erklärte, er habe es den Behörden verschwiegen, weil seine früheren Mitteilungen nicht richtig beachtet worden seien. Offensichtlich misstraut er den Anklägern, aber das halte ich für grundfalsch: Das Gericht scheint in diesem Verfahren unabhängig die Vorwürfe zu prüfen, ganz anders als die Gerichte und Ankläger in den Stammheim-Prozessen.

Damals schien die noch recht junge Bundesrepublik unsicher, Richter, Staatsanwälte und Politiker glaubten, sie müsse verteidigt werden, und die fehlerhaften Prozesse dieser Zeit dürften mitverantwortlich dafür sein, dass für viele die RAF noch immer ein verklärter Mythos ist. Aber die Zeiten haben sich geändert. Als Otto Schily, der damals die RAF-Terroristin Gudrun Ensslin vertrat, im Gericht durchsucht werden sollte, brüllte er: »Wir führen gegen die Macht das Argument des Rechts ins Feld.« So richtig der Satz war, so lächerlich klänge er heute im Gericht. Schon längst geht es in diesen Prozessen nicht mehr um die Macht des Staates, wir wollen nur noch wissen, was passiert ist. Aber alles scheint zu lange her, die Zeugen erinnern sich kaum, manches aus dieser Zeit ist in den Akten seltsam. Wenn Verena Becker freigesprochen wird, so ist das nur ein Urteil über die Beweise, die man heute noch hat – nicht mehr und nicht weniger.

Auch das Verfahren gegen den Wettermoderator Jörg Kachelmann ist ein Indizienprozess. Eine Frau behauptet, sie sei vergewaltigt worden, der Mann streitet es ab. Aussage steht gegen Aussage. Die Beweislage ist schwierig. In den Akten finden sich 1400 Seiten Chat-Protokolle – sie sind abscheulich. Die Frau wurde über Jahre seelisch zugrunde gerichtet, sie tat nach und nach, was von ihr sexuell verlangt wurde. Und auch wenn alles freiwillig war, ist es gar keine Frage: Kachelmanns moralische Schuld wiegt schwer.

Aber ein Strafprozess ist nun mal keine Messe, nicht jede Gemeinheit ist strafrechtliche Schuld. Der Richter darf nicht beliebig entscheiden, wem er glaubt, er kann nicht raten wie beim »Tatort« am Sonntagabend. Er braucht objektive Beweismittel. Lässt sich wissenschaftlich prüfen, ob die Frau die Wahrheit sagt? Sachverständige können damit beauftragt werden, Helfer des Gerichts. Es gibt eine Menge Gutachten in dem Verfahren. Zunächst war der Psychiater, der die Zeugin betreut, überzeugt, sie sage die Wahrheit. Er ist Traumaforscher, aber natürlich kann er hier kein Sachverständiger sein, das Arzt-Patienten-Verhältnis schließt das aus, die Nähe ist zu groß.

Die Staatsanwaltschaft beauftragte Luise Greuel, Professorin für Psychologie in Bremen. In der Strafjustiz ist sie hoch angesehen. Greuel war gründlich, ihr Gutachten ist wissenschaftlich einwandfrei. Sie sagt, dass man nicht bestätigen könne, ob die Frau das, was sie behauptet, auch tatsächlich erlebt habe. In anderen Prozessen wäre das schon fast ein Freispruch. Aber das Greuel-Gutachten gefiel der Staatsanwaltschaft nicht. Sie verfasste einen umfangreichen Schriftsatz dagegen. Die Verteidigung beauftragte daraufhin einen weiteren Hochschullehrer, er sollte die Einwände der Staatsanwaltschaft prüfen und das Gutachten der Gutachterin begutachten, also eine Art Obergutachten erstellen. Beauftragt wurde Günter Köhnken, Professor für Rechtspsychologie in Kiel. Seine Ausführungen sind ebenso klar. Er hält die Argumente der Staatsanwaltschaft, die das Greuel-Gutachten erschüttern sollten, für abwegig. Schließlich beauftragte das Gericht den vielleicht renommiertesten psychiatrischen Sachverständigen in Deutschland, Hans-Ludwig Kröber. Er sollte alles noch einmal prüfen, aber weil ein weiteres Gutachten zu dem gleichen Thema kaum zu rechtfertigen war, sollte Kröber nur klären, ob die Zeugin überhaupt fähig war, wahrheitsgemäß auszusagen.

Außerdem sollte er die Differenzen zwischen der Stellungnahme des Traumaforschers und dem Greuel-

Gutachten untersuchen. Sein Gutachten kann man brillant nennen. Es ist ein Lehrstück über das, was Psychologie und Psychiatrie bei der Beurteilung einer Zeugenaussage leisten können. Kröber kommt zu dem Schluss, dass die Aussagetüchtigkeit der Zeugin nicht beeinträchtigt war, und er bestätigt nochmals die Richtigkeit des Greuel-Gutachtens. Auch das heißt natürlich nicht, dass die Zeugin nicht vielleicht doch die Wahrheit sagte, aber es bedeutet, dass es viele Zweifel gibt – zu viele, als dass man den Angeklagten nur wegen der Aussage der Zeugin wieder ins Gefängnis stecken könnte.

Vielleicht wäre das alles gar nicht notwendig gewesen. Es ist die ureigenste Aufgabe der Richter, die Glaubwürdigkeit von Zeugen zu prüfen. Und außerdem wies das Oberlandesgericht Karlsruhe in seinem Beschluss zur Aufhebung des Haftbefehls gegen Kachelmann schon darauf hin: Die Zeugin habe im Rand- und im Kernbereich die Unwahrheit gesagt, den Beschuldigten könne man deshalb nicht weiter in Haft halten.

Der Vorsitzende Richter musste die Zeugin belehren. Sie darf auf jede Frage, die sie belasten könnte, schweigen. Sie hatte ja bereits gelogen und muss nun fürchten, selbst in einem Strafverfahren beschuldigt zu werden. Zunächst wollte der Vorsitzende das nicht. Trotz der Gutachten und trotz des Beschlusses eines höheren Gerichts taten die Richter einfach so, als wäre alles mit der Zeugin in Ordnung. Die Verteidigung hat daraufhin das Gericht als befangen abgelehnt. Natürlich ist so eine Belehrung nur eine Formalie, aber die Strafprozessordnung steht nicht zur Disposition der Richter. Wenn Richter bewusst gegen sie verstoßen, müssen sie als voreingenommen gelten. Es ist noch nicht einmal entscheidend, ob sie wirklich befangen sind – es reicht, dass sie einem verständigen, unabhängigen Beobachter so vorkommen. Geschützt wird eben nicht nur der Angeklagte, sondern auch das Ansehen der Gerichte in der Öffentlichkeit.

Trotzdem machte die Verteidigung einen Fehler: Der Vorsitzende kann nämlich den Zeitpunkt wählen, zu dem er die Zeugin belehrt. Solange nur Fragen zu ihrer Biografie gestellt werden, war eine Belehrung noch nicht nötig. Die Verteidigung kann recht haben, und der Vorsitzende wollte die Zeugin überhaupt nicht belehren, vielleicht wollte er damit deutlich machen, dass er ihr trotz allem glaube. Aber das hätte man erst erfahren, wenn ihr die entscheidenden Fragen gestellt werden – der Ablehnungsantrag kam also zu früh. Er wurde zurückgewiesen, die Begründung ist juristisch haltbar. Trotzdem war er richtig: Ein Strafprozess lebt von Streit um das Recht. Und auch ein gescheiterter Befangenheitsantrag kann bewirken, dass Richter umdenken.

Wir wünschen uns eindeutige Beweise, wir sehnen uns nach einer Klarheit ohne Zweifel, nach einer Welt, in der die Dinge schwarz oder weiß sind. Aber so ist die Wirklichkeit nicht. Strafprozesse sind kompliziert, ihre Wahrheit ist formell und selten einfach, sie wird immer nur schwer zu ertragen sein. Am Ende können wir uns nur auf die Strenge der Strafprozessordnung verlassen, sie ist immer noch das Beste, was wir haben, um die Schuld eines Menschen zu beurteilen.

⇒ Wer soll hier geschützt werden?

↳ der Angeklagte

↳ der nächst höhere BU-Vorgesetzte

↳ die Klo-Behörde

⇒ Die nachweisbaren Vorwürfe sollen die Dst und die beteiligte Klo-Behörde nicht belasten

⇒ Wer beurteilt wie und warum?

Verfahren als Strafe

Über die Öffentlichkeitsarbeit der Staatsanwaltschaft

Im Gerichtssaal ist es unerträglich heiß. Im Radio sagen sie seit Tagen jeden Morgen Regen an, aber es regnet nicht. Wir hören seit neun Uhr Aufzeichnungen von Telefonaten, eine Drogensache. Die Anrufe sind digital gespeichert, das ist besser als noch vor ein paar Jahren. Aber die Lautsprecher für den gerichtseigenen Computer sind einfach grauenhaft, die Justiz hat kein Geld. Die Stimmen krächzen, sie sind zu laut oder zu leise, immer verzerrt, und vor allem aber wird auf Arabisch gesprochen. Es sieht hier nie aus wie in den Gerichtssälen aus dem Fernsehen, es gibt keine Beamer, keine Flatscreens und keine Assistenten der Anwälte, die sich um alles kümmern. Es gibt nur diese schlimm quäkenden Lautsprecher. Die Dolmetscherin kontrolliert Wort für Wort die schriftliche Übersetzung. Dann lesen der Vorsitzende und eine Beisitzerin den Text in verteilten Rollen vor, sie betonen wie im Schülertheater. Sie können nichts dafür, Richter sind nun mal keine Schauspieler, aber niemand lacht – es geht um viele Jahre Haft.

Kein Zuschauer ist gekommen. Keine Schulklasse, nicht die drei betagten Damen, die manchmal nach dem Kaffeetrinken hier sitzen, um sich ein wenig zu gruseln, noch nicht einmal der graue Obdachlose, der sich im Winter im Saal aufwärmt. Natürlich ist auch niemand von der Presse hier, das Verfahren ist zu unbedeutend.

Inzwischen ist es zwei Uhr. Wir haben auf die Mittagspause verzichtet, damit das heutige Programm schneller erledigt ist. Die Luft ist mittlerweile so stickig, dass der Vorsitzende die Erlaubnis erteilt, die Roben auszuziehen. Plötzlich tritt ein Wachtmeister vor die Richterbank. Er trägt das hellblaue Diensthemd, Schweißflecke unter den Armen und am Rücken, ein dünnes Rinnsal auf seinem Nacken. Er flüstert mit den Richtern, der Vorsitzende zieht die Augenbrauen hoch, schüttelt den Kopf. Der Wachtmeister wird rot. Der Vorsitzende sagt müde, er habe soeben erfahren, dass die hintere Saaltür für die Zuschauer nicht aufgeschlossen worden sei. Alle wissen, was nun kommt. Der Richter erklärt, der gesamte Verhandlungstag müsse wiederholt werden, weil die Öffentlichkeit ausgeschlossen worden sei.

Der Vorsitzende hat recht. Die Hauptverhandlungen stehen den Zuschauern offen. Ob ein Wachtmeister sie wegschickt, ob der Aushang vor der Tür falsch ist oder eben die Tür abgeschlossen bleibt, ist gleichgültig: Das Urteil muss später aufgehoben werden. Und das gilt fast ausnahmslos, es gilt für Mörder, Diebe und Unschuldige. »Absoluter Revisionsgrund« nennen Juristen so etwas.

Die Idee der öffentlichen Hauptverhandlung ist zutiefst demokratisch. Die Menschen wollen wissen, was die Gerichte tun, die Presse als vierte Gewalt soll die Richter kontrollieren. Die preußische Kabinettsjustiz wurde nach der Französischen Revolution abgeschafft, man wollte Licht ins Dunkle des Strafverfahrens bringen. Der Rechtsphilosoph Anselm von Feuerbach (1775 bis 1833) erhob die Öffentlichkeit des Strafverfahrens zu einer Prozessmaxime. Aber es ging immer nur um die Öffentlichkeit in der Hauptverhandlung, also im Gerichtssaal – das Ermittlungsverfahren war noch nie öffentlich. Jedenfalls bis jetzt.

Und was ist daraus geworden? Der Düsseldorfer Generalstaatsanwalt erklärte zum Beispiel vor ein paar Jahren gegenüber der Presse, er werde gegen den ehemaligen Mannesmann-Chef Klaus Esser wegen »erkauftem Sinneswandel« ermitteln – Esser selbst erfuhr davon erst aus der Zeitung. Bei der Festnahme von Klaus Zumwinkel, dem damaligen Vorstandsvorsitzenden der Post, war die Presse bereits vor Polizei und Staatsanwaltschaft vor dessen Haus, um den Mann dabei zu filmen, wie er abgeführt wird. In dem Verfahren wegen Mordes an Dominik Brunner gab die Anklage der Staatsanwaltschaft pressewirksam wohl mehr die aufgebrachte Stimmung in der Bevölkerung als ordentliche Ermittlungen wieder. Brunner wurde als Held gefeiert, die beiden Jugendlichen in der Presse »Killerpack« genannt. Die Wahrheit liegt wohl irgendwo dazwischen.

Pressemitteilungen über Ermittlungsverfahren können Menschen zugrunde richten: die Sängerin Nadja Benaissa oder eben jetzt den Wetteransager Jörg Kachelmann.

Das Verhältnis von Justiz und Presse hat sich geändert. Früher sah man immer nur einen ordentlichen Polizisten und einen älteren Staatsanwalt mit Goldbrille im Fernsehen, beide sagten mit todernstem Gesicht: »Weiträumig absperren und lückenlos aufklären.« Das war beruhigend. Heute meinen die Strafverfolger, sie müssten medial präsent sein. Sie erklären mit der Letztgültigkeit eines »Tagesschau«-Sprechers, sie seien von der Schuld Kachelmanns überzeugt, oder sagen in dem Verfahren gegen den Abgeordneten Jörg Tauss, bei dem Kinderpornos gefunden wurden, lang vor Beginn des Verfahrens: »Soweit Tauss den gegen ihn gerichteten Tatvorwurf für unberechtigt hält, ist dies unbegründet.« Alle scheinen zu viele Filme gesehen zu haben, die Pressearbeit der Justiz ist zu einer Mischung aus amerikanischem Gerichtsfilm und »Richterin Barbara Salesch«-Show verkommen.

Im deutschen Strafrecht gibt es nur eine Partei, den Strafverteidiger. Die Staatsanwaltschaft muss objektiv sein, ausgleichend und gerecht wie ein Gericht. Sie ist unparteiisch, sie ermittelt für und gegen den Beschuldigten, nichts anderes ist ihr gesetzlicher Auftrag. Früher wurde sie sogar die »objektivste Behörde der Welt« genannt, und in den Köpfen der meisten Deutschen ist sie das noch immer. Ein Staatsanwalt spricht mit der Autorität des Staats. Sein Wort hat ein ganz anderes Gewicht als das eines Anwalts, von dem wir wissen, dass er nur den Interessen seines Mandanten dient. Wenn der Staatsanwalt etwas sagt, wird es gerade deshalb geglaubt, weil er keine Partei ist. Wenn er der Presse einen Namen nennt und einen Menschen öffentlich einer Straftat verdächtigt, ist das meistens schon das Ende für den Beschuldigten.

Dabei dürfte ein Verdacht in einem Rechtsstaat nichts Ehrenrühriges sein. Für das Gesetz ist der Beschuldigte unschuldig, bis er rechtskräftig verurteilt worden ist. Das Problem ist: Nur nach dem Gesetz ist das so, für die Öffentlichkeit scheint aber alles bewiesen, wenn der unparteiische Staatsanwalt spricht. Sein Verdacht ist schon das Urteil, die Unschuldsvermutung interessiert niemanden. In den USA ist das anders. Dort streiten sich bei großen Prozessen Staatsanwaltschaft und Verteidigung in aller Öffentlichkeit, der Prozess ist ein Medienereignis. Kameras werden im Saal aufgestellt, die Angeklagten tragen neue Anzüge, Berater für die Geschworenenauswahl werden konsultiert, spezielle Meinungsforscher erklären den Anwälten am Ende jedes Prozesstages, wie sie gewirkt haben. Es ist ein Wettkampf zweier Parteien, es geht um den Sieg. Der Prozess ist dramatischer, er spitzt sich zu, der Spruch der zwölf Geschworenen entscheidet, wer triumphiert und wer verliert. Und wie beim Football gibt es Stars.

Bei uns ist es langweiliger, weil es keine Parteien gibt. Alles ist langsamer, es gibt kein Hightech, sondern Aktenböcke, und der »besondere Wachtmeister« für eilige Sachen braucht trotzdem drei Tage, um Akten innerhalb des Gerichts zu transportieren. Mir scheint, dass diese Behäbigkeit zu gerechteren Urteilen führt, der Beschuldigte gerät nicht so leicht unter die Räder. Aber langsam verändern die Medien das Gefüge. Zwar regeln die Landespressegesetze, wie die Justiz sich gegenüber der Presse verhalten soll, aber der Pressesprecher hat große Freiheiten. Er soll zwischen Medieninteresse und Privatsphäre des Betroffenen abwägen. Und das geht immer wieder schief. Der Medien- und Presseanwalt Christian Schertz, der viele Prominente vertreten hat, sagt: »Es ist meine Erfahrung, dass diese Abwägung nicht selten schlicht unterbleibt und die Staatsanwaltschaften davon ausgehen, sie müssten der Presse Auskunft geben. Das liegt sicherlich daran, dass die Pressesprecher der Staatsanwaltschaft in den Fragen der Abwägung Pressefreiheit versus Persönlichkeitsrecht und Menschenwürde nicht hinreichend geschult werden.«

An diesem Montag beginnt die Hauptverhandlung gegen Kachelmann. Am Ende wird man nicht viel mehr wissen. Es ist wohl so, dass die Zeugin an verschiedenen Stellen gelogen hat, und manches spricht dafür, dass sie sich Verletzungen selbst beigebracht hat. Die Richter werden sagen, ihre Aussage sei glaubhaft, aber angesichts der Widersprüche bleibe doch ein letzter Zweifel. Vermutlich werden sie Kachelmann freisprechen, aber nach all der Berichterstattung wird ihm das nichts mehr nutzen. »Semper aliquid haeret«, so zitiert der englische Philosoph Francis Bacon den Griechen Plutarch: Etwas bleibt immer hängen. Und dieses Etwas reicht aus.

Im Mittelalter war man weiter, als wir es heute

sind. Eine der Strafen war damals, den Verurteilten an den Pranger zu stellen. Die Leute liefen zu ihm, um ihn zu verspotten. Die Strafe war die öffentliche Schande, sie war so schrecklich, dass der Verurteilte danach oft Stadt und Land verließ. Aber immerhin kam man damals nur an den Schandpfahl, wenn man vorher auch verurteilt worden war. Heute brauchen wir kein Urteil mehr, es reicht die Pressemitteilung der Staatsanwaltschaft, und die ganze Republik sieht zum Pranger. Ein Oberstaatsanwalt sagte mir einmal: »Die Staatsanwaltschaft gewinnt nicht, und sie verliert nicht. Sie dient dem Recht, das ist schon alles.« Und genau das ist der Grund, warum Staatsanwälte und Richter in der Öffentlichkeit nichts zu suchen haben.

Als wir den geplatzten Prozesstag wiederholten, saß ein junger Mann auf der Pressebank, hager und übernächtigt. In einer Verhandlungspause sagte er, er sei aus Stuttgart und mache gerade ein Ferienpraktikum bei einer Zeitung. Gestern Nacht sei er nicht ins Bett gekommen. Die Verhandlung wurde fortgesetzt, und eine halbe Stunde später war er über seinem Block eingeschlafen.

Reine Menschen, reine Luft

Über Raucher und Nichtraucher

»Ich verstehe es nicht, wie jemand nicht rauchen kann – er bringt sich doch, sozusagen, um des Lebens bestes Teil und jedenfalls um ein ganz eminentes Vergnügen! Wenn ich aufwache, so freue ich mich, daß ich tagsüber werde rauchen dürfen, und wenn ich esse, so freue ich mich wieder darauf, ja ich kann sagen, daß ich eigentlich bloß esse, um rauchen zu können, wenn ich damit natürlich auch etwas übertreibe. Aber ein Tag ohne Tabak, das wäre für mich der Gipfel der Schalheit, ein vollständig öder und reizloser Tag, und wenn ich mir morgens sagen müßte: heut gibt's nichts zu rauchen – ich glaube, ich fände den Mut gar nicht, aufzustehen, wahrhaftig, ich bliebe liegen.«

Hans Castorp in Thomas Manns »Zauberberg«

Es ist Sommer, es ist heiß, Hundstage, fast windstill. Wir stehen mit hochgekrempelten Hosen im Bach und fischen. Ich bin sechs oder sieben Jahre alt. Mein Vater trägt einen alten Strohhut mit Löchern, er ist noch sehr jung. Wir sind keine großen Angler, selten beißt ein Fisch, aber wir flüstern, weil wir glauben, die Fische könnten uns vielleicht doch hören. Wenn wir endlich eine Forelle fangen, braten wir sie an einem Stock über dem Feuer und essen sie nur mit Salz. Es ist die beste Forelle der Welt. Dann zieht mein Vater ein schmales Lederetui mit seinen Zigaretten aus der Tasche. Er hat ein silbernes Feuerzeug, es klickt laut und riecht nach Benzin. Er schiebt den Hut zurück, wir liegen auf der Wiese und schauen in den Himmel.

Er kann perfekte Rauchkringel machen, graublau, dann werden sie dünner und größer, fransen aus und lösen sich auf. Es gibt Grillen und Hafergras, und ich habe schmutzige Füße. Er erzählt mir die Geschichte vom Gewicht des Rauchs. Queen Elizabeth I. hatte gewettet, selbst der kluge Walter Raleigh könne nicht das Gewicht des Rauchs bestimmen, Luft könne man ja auch nicht wiegen. Sir Walter nahm die Wette an. Er legte seine Zigarre auf eine Waage und notierte das Gewicht. Dann rauchte er sie langsam, streifte alle Asche sorgfältig in die Waagschale und legte am Ende auch den Stumpen auf die Waage.

Von dem ersten Gewicht zog er das zweite ab, die Differenz war das Gewicht des Rauchs. Die Queen bezahlte und sagte, sie habe jetzt zum ersten Mal verstanden, wie man Rauch in Geld verwandele. Viel später habe ich die Geschichte noch einmal in Paul Austers wunderbarem Film »Smoke« gehört, aber damals war das unser Sommer: Forellen mit Salz, die Hitze, die Zigaretten meines Vaters und seine Geschichten.

Das ist lange her. In Bayern wurde jetzt ein Volksentscheid über das Rauchen in Gaststätten und anderen Orten durchgeführt. Eigentlich ging es um nichts mehr, in rund 85 Prozent aller Lokale wurde bereits nicht mehr geraucht. An anderen Orten, für die es keine Alternativen gibt – in Bahnhöfen, Flughäfen, öffentlichen Gebäuden –, war Rauchen ohnehin verboten.

Das Ergebnis sei eindeutig, hieß es. Nur knapp 38 Prozent der Wahlberechtigten beteiligten sich, von ihnen stimmten 61 Prozent für das totale Verbot. In Wirklichkeit haben sich also nur knapp 23 Prozent der Wähler gegen das Rauchen entschieden. Und wenn es gerecht sein soll, wäre die nächste Frage, wie viele der 23 Prozent denn wirklich abends in Restaurants oder auf das Oktoberfest gehen. Aber vielleicht geht es darum ja gar nicht.

Initiator des Volksbegehrens war Sebastian Frankenberger, 28 Jahre, Passauer Stadtrat für die ÖDP, die »Öko-Demokraten«, wie sie sich nennen. Frankenberger sagt, er glaube an das Gute im Menschen.

Auf seiner Seite bei MySpace präsentiert er sich mit einem kleinen Film des Bayerischen Rundfunks. Man sieht ihn in seltsamem Gang mit weißer Perücke und Gehrock vor Touristen bei einer Stadtführung. Dann sagt er – jetzt ohne Perücke, mit langem, jetzt dunkelbraunem Haar –, ihm gehe es darum, dass »Menschen zu reflektieren beginnen«. Manchmal spricht er im Video von sich in der dritten Person. Frankenberger schreibt, nur er selbst kenne sein »wahres Ich«, und wenn er gern jemand kennenlernen würde, dann sei das Gott. Und dann sagt er plötzlich, manchmal denke er, er sei eine »Art Lichtkugel, die einfach Energie verströmt«.

Ich mag Volksentscheide nicht, sie scheinen unserer Demokratie fremd. Es gibt keine Schwarmintelligenz bei politischen Einzelabstimmungen, jedenfalls hat es sie früher nie gegeben. Und die neuen Nichtrauchergesetze offenbaren ein Fehlverständnis von Demokratie: Es geht eben nicht nur darum, dass gemacht wird, was die Mehrheit sagt – es geht auch um Nischen für die Minderheit.

Man kann das auch anders nennen: Es geht um Toleranz, vielleicht die großartigste der preußischen Tugenden. Sie ging schon einmal verloren: Im »Dritten Reich« machten die Anti-Raucher-Zeitschrift »Reine Luft«, deren Nachfolgerin »Die Tabakfrage« und andere Publikationen das Rauchen für alles verantwortlich: für Brandstiftung, für Diebstahl und sogar für Mord, wie Stanford-Professor Robert N. Proctor in seinem Buch »Blitzkrieg gegen den Krebs« nachweist. Im »Deutschen Tabakgegner« hieß es: »Wir deutschen Frauen rauchen nicht!« Tabakkonsum wurde mit Liberalismus, »rassischer Entartung«, »sexueller Verderbtheit«, Zügellosigkeit, Jazz, Juden und »Zigeunern« in Verbindung gebracht – der hygienisch saubere Deutsche sollte auf der anderen Seite stehen.

Hitler, Mussolini und Franco, so wurde immer wieder gesagt, seien Nichtraucher, Churchill, Stalin und Roosevelt Raucher. Und Adolf Hitler wollte nach dem »Endsieg« den Soldaten die Tabakration entziehen – aus Sorge um deren Fruchtbarkeit und Arbeitskraft. Er glaubte, der Tabak sei »die Rache des roten Mannes«, den der »weiße Mann« durch Alkohol zugrunde gerichtet habe. Und am Ende war Hitler sogar davon überzeugt, das deutsche Volk verdanke seine »Rettung« der Tatsache, dass er Nichtraucher sei.

Natürlich ist Rauchen eine Schwäche. Ernst Benda, der frühere Präsident des Bundesverfassungsgerichts, rauchte immer beim Aktenstudium und meinte, »die heute herrschende Meinung verachtet solche Bekenntnisse der Schwäche«. Und natürlich hat Sebastian Frankenberger überhaupt nichts mit dem »Dritten Reich« zu tun – er scheint ja ein freundlicher Mensch zu sein, ein Notfall-Seelsorger mit weicher Stimme und dem Guten im Herzen, ein Missionar, der nur die letzten 15 Prozent des Bösen besiegen will. Die Gefahr aber war zu allen Zeiten gleich: Jemand glaubt, er kenne den Weg zum Glück, er wird zum Eiferer, muss die Welt retten – Frankenberger will übrigens auch gleich die ganze Kirche »revolutionieren«. Das Ziel ist immer groß und immer anders, heute heißt es: der reine Mensch in der reinen Luft. Und wenn es nicht anders geht, müssen die Leute halt zu ihrem Glück gezwungen werden. Was schert uns Toleranz, wenn wir einmal das Richtige erkannt haben, Schwächen kann man austreiben, notfalls mit Gesetzen.

Und wie wird es aussehen, wenn wir so weitermachen? In Brüssel werden Werbeverbote für Süßigkeiten diskutiert. In Baden-Württemberg wurde der nächtliche Alkoholverkauf aus Kiosken und Tankstellen verboten. Es wird eine schöne, eine saubere, eine ganz neue Welt. In Berlin kann man schon die Richtung sehen: Unter den Linden gibt es seit Kurzem ein »Nivea Haus«, Flagshipstore, wie das heute heißt. Vorn Erfrischungstücher, Duschgel und Creme, hinten die »Verwöhnbar« in Weiß, Beige und natürlich Blau. Die Gerichte heißen »Seelenbalsam« und »Leckerschmecker«, es gibt »Cranberry-Ziegenkäse-Salat« und Getränke aus Shiitakepilzen und schwarzem Karottensaftextrakt. Auf den Flaschen steht »Immunity Defense« und »Functional Infusions«. Wahrscheinlich wird man uralt, wenn man sich so ernährt, Reinigungstücher sind kostenlos. Hier raucht niemand mehr. Natürlich nicht.

In ein paar Jahren werden wir in hellen Restaurants ausschließlich Obstsäfte aus biologisch und menschenrechtlich einwandfreiem Anbau trinken, auf der Karte werden Kalorienangaben gedruckt, die Kohlenhydratmenge eines Gerichts darf zwölf Prozent nicht übersteigen, Salz-, Zucker- und Fettanteile sind gesetzlich festgelegt.

Wir werden auf dem iPad Zeitungen ohne Druckerschwärze lesen, Apple hat dort nackte Frauen und Gewalt abgeschafft. Der Kellner wird von Zeit zu Zeit die Gesprächsthemen kontrollieren: keine Politik und Wirtschaft, Sport ist in Ordnung, wenn das Gespräch eine bestimmte Lautstärke nicht überschreitet. Vor der Tür wird der Kleinwagen mit Elektromotor stehen, wir setzen uns einen Helm beim Fahren auf, und zu Hause müssen vor dem Sex umfangreiche Hygienevorschriften beachtet werden –

elektronische Ausweis-Chips mit möglichen Krankheiten werden vorher ausgetauscht.

Dann werden wir auch bald das Orgasmotron aus Woody Allens »Schläfer« erfinden, und endlich wird die schmutzige körperliche Berührung ganz wegfallen. Das alles machen wir freiwillig, wir verlangen, dass solche Gesetze erlassen werden; wir finden, es ist so besser für uns alle.

Das Rauchen wurde immer schon bekämpft. James I., der Nachfolger der wettenden Elizabeth, schrieb 1604 das königliche Anti-Raucher-Pamphlet »A Counterblaste to Tobacco«. Die sittenstrenge Königin Victoria führte schließlich im 19. Jahrhundert das Rauchverbot auf ihren Schlössern ein. Ihr Zeitalter war so freudlos, dass sogar das Sammeln von Farnen populär wurde, weil die Befruchtungsorgane bei ihnen züchtig unter den Blättern liegen. Ihr Sohn, Edward VII., war in jeder Hinsicht das Gegenteil. Er mochte Pferderennen, Glücksspiel und Theater. Und obwohl er fürchterlich dick war, hatte er unzählige Affären, er liebte die Frauen, und die Frauen liebten ihn.

Die kurze Zeit seiner Regentschaft war der Vorabend des Ersten Weltkriegs, eine letzte schwankende Epoche voller Schwächen und voller Lust. Nach dem Tod seiner Mutter lud Edward, damals 59 Jahre alt, Freunde in den Buckingham Palace und tat das, was man mit Victorianismus und Pietismus unbedingt tun sollte – er beendete sie mit einem einzigen Satz. Edward zog seine Zigarren hervor, zündete sich eine an und sagte in die Runde: »Gentlemen, you may smoke.«

Vergessene Gummistiefel

Das Straßburger Urteil zur Sicherungsverwahrung

Der Mann in der Besprechungszelle ist riesig, er scheint den ganzen Raum auszufüllen. Sein Kopf ist kahl rasiert. Der Schweiß läuft in dünnen Bahnen über seinen Nacken in das grobe Hemd. Es ist eng in der Zelle. Wenn man sich an die Wucht seines Auftretens gewöhnt hat, fällt als Erstes auf, dass er nur einen sehr kleinen Kopf hat, nichts passt zusammen. Er hat keine Augenbrauen mehr, die Haare hat er sich mit einer Pinzette einzeln ausgezogen. Für viele Gefangene ist ihr Körper das Letzte, was ihnen gehört. Sie tätowieren ihn, trainieren ihn zu grotesken Muskelbergen oder reißen sich eben Haare aus. Ich kenne seine Akte, ein typischer Fall für die Sicherungsverwahrung, der erste Diebstahl als er 14 war, Totschlag kurz nachdem er 24 wurde. Dazwischen nur wenige Tage in Freiheit, »draußen«, wie es hier heißt. Immer wieder wurde er eingesperrt, in seinem Vorstrafenregister ist beinahe jede Vorschrift des Strafgesetzbuchs genannt, die meisten mehrfach. Ein »Drehtürgefangener«, rein, raus und wieder rein.

Am Ende reichte es seinen Richtern, sie verhängten Sicherungsverwahrung gegen ihn. Einige Jahre später verlängerte ein Gericht die Verwahrung auf unbestimmte Zeit. Er gilt nicht als krank, aber immer noch als gefährlich, als unbelehrbar. Der Mann ist länger in diesem Gefängnis, als ich Anwalt bin, er ist hier erwachsen geworden. Er hat seine Strafe seit 13 Jahren verbüßt. Niemand kann etwas mit ihm anfangen, und niemand versucht es mehr. Vor ein paar Jahren hat er einen Wärter angegriffen.

Im Dezember 2009 erging zur Sicherungsverwahrung eine Entscheidung des Europäischen Gerichtshofs für Menschenrechte in Straßburg. Das Urteil hatten alle lange erwartet. Die Entscheidung fiel einstimmig. Die sieben Richter erklärten, Deutschland habe gegen eine Bestimmung verstoßen, die Grundlage jedes Rechtsstaats ist: »Keine Strafe ohne Gesetz«. Dem Kläger sei zu Unrecht die Freiheit entzogen worden. Die Bundesregierung legte Widerspruch ein und verlor. Seit dem 11. Mai 2010 ist es rechtskräftig: Deutschland handelte menschenrechtswidrig.

Geklagt hatte ein Mann, der wegen einer ganzen Reihe von Gewalttaten verurteilt worden war, zuletzt 1986 wegen versuchten Mordes zu fünf Jahren mit anschließender Sicherungsverwahrung. Die Sicherungsverwahrung war auf zehn Jahre beschränkt, so war das Gesetz. Der Kläger hatte seine Strafe 1991 verbüßt, zehn Jahre später, 2001, hätte er spätestens entlassen werden müssen. Tatsächlich aber blieb er weiter eingesperrt, denn 1998 wurde das Gesetz geändert: Die zehn Jahre Höchstfrist galten nicht mehr, die Sicherungsverwahrung konnte im Nachhinein jetzt auf unbestimmte Zeit verlängert werden.

Heute sind rund 200 Menschen in Deutschland so verwahrt, allein in Berlin sind es 10. Manche davon werden direkt ins Altersheim kommen, andere werden von der Polizei nach ihrer Entlassung überwacht werden. Es gibt Gerichte, die sich noch gegen die Umsetzung des Beschlusses des Europäischen Gerichtshofs wehren, das Oberlandesgericht Celle beispielsweise will die Verwahrten noch nicht entlassen – juristisch ist das alles kaum noch nachvollziehbar.

Eigentlich zweifelt niemand daran, dass ein Strafgesetz erst wirken darf, nachdem es erlassen wurde. Die Juristen nennen dies »Rückwirkungsverbot«: Der Bürger muss wissen können, was verboten ist, er muss die Strafen kennen können. Der Grundsatz hat

Verfassungsrang, und er hat das aus gutem, historischem Grund: Der Präsident des nationalsozialistischen Volksgerichtshofs Roland Freisler galt als brillanter Jurist, er war der Henker auf dem höchsten Richterstuhl.

Freisler interessierten solch kleinliche Rechtsgrundsätze nicht, im Durchschnitt fällte er jeden Tag drei Todesurteile. Er wollte, als er noch Staatssekretär war, die zwei Brüder Götze, die damals Autofallen auf den neuen Autobahnen aufstellten und Kraftfahrer überfielen, zum Tode verurteilt sehen. Einer der Brüder hatte zwei Menschen getötet, der andere hatte nur die Fallen mitgebaut, an den Morden war er nicht beteiligt. Als die Brüder verhaftet wurden, sorgte Freisler für ein Gesetz, das rückwirkend das Aufstellen von Autofallen unter Todesstrafe stellte. Danach konnten beide Brüder verurteilt werden, sie wurden hingerichtet. Es war in der Bundesrepublik völlig undenkbar, dass der Gesetzgeber bewusst gegen diesen Grundsatz verstoßen würde.

Aber die Sicherungsverwahrung traf den Zeitgeist. Eine Untersuchung der Universität Bochum aus dem Jahr 2008 zeigt, dass die Gerichte sie mittlerweile fast maßlos anordnen: Seit 1990 stieg die Zahl der Inhaftierten um 140 Prozent. Der frühere Bundeskanzler Gerhard Schröder meinte 2001 zur »Bild am Sonntag«, dass Männer, die sich an kleinen Mädchen vergingen, nicht therapierbar seien. Er sagte: »Deswegen kann es da nur eine Lösung geben: wegschließen – und zwar für immer.« In einem solchen Klima beginnen die Dinge schiefzugehen. Gesetze werden in immer schnellerem Rhythmus erlassen, die Menschen sind zornig und ängstlich, sie wollen beruhigt werden, und Politiker wissen, dass Härte gegen Kinderschänder immer gut ankommt. Verbrecher haben keine Lobby.

Sogar das Bundesverfassungsgericht entschied, der rückwirkende Wegfall der Höchstfrist sei rechtens. Die Sicherungsverwahrung sei ja keine Strafe, sondern eine Maßregel, das Gesetz könne daher gar nicht gegen das Rückwirkungsverbot verstoßen, das gelte nämlich nur für Strafen. Das war zwar juristisch elegant, tatsächlich aber ist es zynisch. Es kommt nicht auf die Begriffe an, mit denen wir etwas bezeichnen.

Für die Inhaftierten im Gefängnis gibt es keinen Unterschied zwischen Sicherungsverwahrung und Freiheitsstrafe. Sie leben zwar in anderen Gebäuden, aber immer noch in der gleichen Haftanstalt, sie bleiben eingesperrt.

Die Gefängnisse hier sind besser als in vielen Ländern Europas, trotzdem musste der Gerichtshof in Straßburg feststellen, dass es zu den normalen Gefangenen »keine substanziellen Unterschiede« gibt.

Sicherungsverwahrung ist in Deutschland Strafe und nichts anderes.

Das Gesetz selbst ist Stückwerk, dauernd wurde es verändert, ein verwirrendes Sammelsurium. Offiziell sind Richter für die Gefangenen verantwortlich, tatsächlich aber sind es längst die Gutachter. Natürlich sind sie ängstlich, niemand will einen Fehler machen, zu viel steht auf dem Spiel, wenn ein Kindermörder freigelassen wird. Und was heißt es denn, wenn die Rückfallwahrscheinlichkeit eines Täters 20 Prozent beträgt? Vergewaltigt er dann nur jedes fünfte Kind? In der Studie der Universität Bochum wurden 89 Fälle ausgewertet. Die Staatsanwaltschaften hatten die Täter als »besonders gefährlich« eingeschätzt, sie hatten Sicherungsverwahrung beantragt, die psychiatrischen Gutachter hatten sie in jedem einzelnen Fall befürwortet. Die Anträge wurden zwar abgelehnt, aber das Ergebnis der Untersuchung war erschreckend. Von den 89 Fällen haben später lediglich 3 Täter erneut ähnlich schwere Straftaten begangen. 86 Menschen wären nach dem Willen der objektivsten Behörde der Welt – der Staatsanwaltschaft – eingesperrt geblieben, viele für immer, obwohl sie für niemanden gefährlich waren. Der kluge, alte Grundsatz, lieber zehn Schuldige laufen zu lassen, als einen Unschuldigen zu verurteilen, scheint nicht mehr zu gelten.

Tatsächlich geht es nicht nur um die Sicherungsverwahrten. Es geht um mehr, es geht um das Menschenbild unseres Grundgesetzes, und am Ende geht es um uns selbst. Würde ist nichts, was verliehen wird, sie kann nicht entzogen werden.

Die Prinzipien im Strafrecht sind einfach: Ein Gericht verurteilt einen Täter zu einer Strafe. Nachdem er sie verbüßt hat, ist der Rechtsfrieden wieder hergestellt: Seine Schuld ist getilgt, die Strafe söhnt ihn mit der Gesellschaft aus. Danach ist er frei, er hat die gleichen Rechte wie jeder andere. Natürlich muss die Gesellschaft vor den gefährlichsten Verbrechern geschützt werden, vor Männern, die gern Frauen umbringen oder Kinder vergewaltigen. Aber in Sicherungsverwahrung sitzen auch Diebe, Betrüger und Bankräuber.

Einen vollkommenen Schutz in einer freien Gesellschaft wird es nie geben, und auch wenn es fürchterlich klingt: Unsere Freiheit bedeutet, dass wir mit vielen Risiken leben müssen. Die Bundesregierung will jetzt endlich Sicherungsverwahrung nur noch in schweren Ausnahmefällen zulassen. Ein richtiger Schritt. Aber notwendig ist auch eine viel bessere Ausstattung der Anstalten. Die Fußfessel allein ist sicher keine Lösung.

Der Mann, der mir in der Zelle gegenübersitzt, wird bald entlassen. Er wird überwacht werden. Vermutlich wird die Polizei die Menschen in seinem Dorf vor ihm warnen. Es wird Demonstrationen vor seiner Tür geben, das Fernsehen wird ihn filmen, wenn er in den Supermarkt geht. Er ist nicht darauf vorbereitet, niemand hat ihm gesagt, was er draußen tun soll. Ich frage ihn, ob er schon einmal glücklich war. Ja, sagt er, als Kind bei seiner Mutter. In der Akte steht, dass er in einem Waisenhaus aufwuchs, er kannte seine Mutter gar nicht.

Der riesige Mann erinnert mich an Moosbrugger, den Mörder aus Robert Musils »Mann ohne Eigenschaften«. Moosbrugger hatte eine Prostituierte getötet. Er hatte geglaubt, sie sei sein eigener Schatten. In seiner Zelle dachte Moosbrugger, sein Schädel sei oben offen, der Mond würde manchmal hineinleuchten. Er wurde hingerichtet.

Heute töten wir die Moosbruggers nicht mehr. Wir »verwahren« sie für immer, kaum besser als ein paar alte Gummistiefel, die man in den Schrank stellt und vergisst. Der Bundesgerichtshof hielt das vor Kurzem sogar bei Jugendlichen für zulässig, ein Gesetz erlaubt es seit 2008. Hans-Ludwig Kröber, einer der bekanntesten Gerichtspsychiater, sagt: »Unbefristete Freiheitsentziehung ist immer eine Sackgasse.« Und Werner Platz, ein ebenso erfahrener forensischer Psychiater, sagt: »Zwangsstrukturen für Sicherungsverwahrte, wie sie gegenwärtig existieren, werden diesen Menschen mit überwiegend vorhandenen Persönlichkeitsstörungen nicht gerecht.«

Die Ärzte haben recht. Ulrich, der Protagonist in Musils Buch, denkt, wenn die Menschheit als Ganzes träumen könnte, würde dabei Moosbrugger entstehen.

Wir müssen bessere Möglichkeiten finden. Das schulden wir den Mördern. Und wir schulden es uns selbst.

- Wann ist Sicherheitsverwahrung legitim?
- Welche Rechte dürfen Mörder haben?
- Wie schützt man die Gesellschaft vor Mördern und Kinderschändern?
- Wie bekämpft man Terroristen?

Die Würde der Fürchterlichsten

Die Menschenrechtsklage des Kindermörders Gäfgen

Vor ein paar Tagen fuhr ich nach Wustrau. Dort ist das Haus des »alten Zieten«, des legendären Husarengenerals Friedrichs des Großen. »Zieten aus dem Busch« nannte man ihn wegen seiner Überraschungsangriffe. Es war eine wunderbare Fahrt durchs Ruppiner Land: Moränen, Wälder, Seen, alles karg und einsam, das alte Preußen. Fontane schrieb darüber in den »Wanderungen durch die Mark Brandenburg«. Kaum etwas hat sich geändert, nur die Windräder stören. Heute ist im Schloss ein Teil der deutschen Richterakademie untergebracht.

An diesem Tag erging die Entscheidung der Großen Kammer des Europäischen Gerichtshofs für Menschenrechte in der Sache Gäfgen gegen die Bundesrepublik Deutschland. Das Gericht gab Gäfgen teilweise recht. Deutschland habe gegen Artikel 3 der Menschenrechtskonvention, das sogenannte Folterverbot, verstoßen. Gäfgen sei zwar nicht gefoltert, er sei aber unmenschlich behandelt worden. Sein Hauptziel erreichte Gäfgen nicht. Das Verfahren gegen ihn sei fair gewesen, entschied das Gericht. Es wird keinen neuen Prozess geben.

Vor fast acht Jahren, am 27. September 2002, entführte Magnus Gäfgen den elfjährigen Jakob von Metzler. Gäfgen war Jurastudent, auf den Fotos sieht er wie ein normaler junger Mann aus, fast noch in der Pubertät, unsicher und überheblich zugleich. Er tötete sein Opfer, das Kind starb qualvoll. Dann erpresste er die Familie des Jungen, erhielt eine Million Euro Lösegeld. Gäfgen wollte reich sein, er wollte dazugehören. Einen Tag später wurde er festgenommen. In seiner Wohnung fand die Polizei den größten Teil des Lösegelds. Ein paar Monate später, am 28. Juli 2003, verurteilte ihn eine Schwurgerichtskammer des Landgerichts Frankfurt unter anderem wegen Mordes zur lebenslangen Haft. Das Gericht stellte die besondere Schwere seiner Schuld fest. Es ist die höchste Strafe, die in unserem Land verhängt werden kann. Es war ein sinnloses Verbrechen, hässlich wie alle Taten, bei denen es nur um Geld geht. Wir hätten den Fall vermutlich trotzdem vergessen.

Aber es passierte noch etwas anderes. Als Gäfgen

festgenommen wurde, glaubte der stellvertretende Polizeipräsident Frankfurts, Wolfgang Daschner, das Kind sei noch am Leben. Er entschied, Gäfgen sollen erhebliche Schmerzen angedroht werden, damit er den Aufenthaltsort seines Opfers preisgibt. Gäfgen gestand unter diesem Druck, die Einzelheiten konnten nicht genau rekonstruiert werden. Plötzlich redeten alle über diesen Fall, in den Universitäten, den Gerichten, den Kneipen, auf Flughäfen und in den Einkaufspassagen. Auch jetzt, in der Richterakademie, sprachen wir darüber. Die Positionen haben nichts von ihrer Schärfe verloren: Durfte Daschner tun, was er tat? Und wenn er es nicht durfte, handelte er ohne Schuld?

Dabei scheint eigentlich alles ganz einfach. Friedrich der Große, der den alten Zieten verehrte, hatte schon 1740 die Folter in Preußen abgeschafft. Kurz nach seinem Amtsantritt verbot er durch Kabinettsorder die Tortur. Im Grundgesetz heißt es heute: »Festgehaltene Personen dürfen weder seelisch noch körperlich misshandelt werden.« Es steht noch in anderen Gesetzen: Foltern ist verboten. Punkt. Ende der Diskussion. Das gilt für den Staat immer und ausnahmslos. Es gilt auch, wenn ein Leben in Gefahr ist, das durch die Folter gerettet werden könnte. Aber der Fall Gäfgen hat etwas Altes und Dunkles, etwas Suggestives: Ein Kind kann gerettet werden.

Der Zweck heiligt die Mittel!

Der Polizist muss nur ein wenig gegen ein Gesetz verstoßen. Und was ist schon das bisschen unmenschliche Behandlung eines Verbrechers, wenn es um ein unschuldiges Leben geht? Wir wissen natürlich, dass die Würde des Menschen unantastbar ist. Wir wissen, dass auch ein Mörder Würde wie jeder andere Mensch besitzt, ja besitzen muss. Das alles ist leicht gesagt, es steht in jedem Lehrbuch, wir können solche Sätze beim Abendessen oder nach dem Kirchgang zitieren. Die Wirklichkeit ist brutaler, die feinen Regeln scheinen dort nicht zu halten, sie klingen wie Professorengerede, das an der Realität scheitert.

Es ist wie in einer griechischen Tragödie: Der Polizist darf nicht tun, was er als Mensch tun will. Das Gesetz verlangt Fürchterliches. Der Polizist ist Vertreter des Staates, er muss nach dem Recht handeln. Die Tragödie trifft ihn nicht als Strafverfolger, sie trifft ihn als private Person, als einfachen Menschen. Er muss sich entscheiden, allein.

Daschner entschied sich, Gäfgen Schmerzen androhen zu lassen. Daschner wusste, dass ihm nicht viel passieren würde. Die Gerichte würden ihn verurteilen, aber sie würden milde sein. Die Bevölkerung wäre auf seiner Seite, die Boulevardpresse würde ihn feiern. Er behielt recht.

Die Folgen müssten ganz anders aussehen. Der Polizist, der sich für die Folter entscheidet, muss hart

 angedroht ist noch nicht durchgeführt

bestraft werden. Keine Verwarnung mit Strafvorbehalt wie bei Daschner, sondern eine mehrjährige Gefängnisstrafe, Entlassung aus dem Dienst, Streichung der Pension. Es wiegt schwer, wenn der Staat selbst und seine Diener gegen die Gesetze verstoßen. Wenn Daschner solche Strafen hätte befürchten müssen, die jetzt auch der Europäische Gerichtshof indirekt verlangt, wäre es eine echte Entscheidung gewesen: Er rettet das Kind und geht selbst unter. Er würde nicht als Verbrecher eingesperrt, sondern als Held. Helden müssen scheitern, es ist ihr Wesen. Sie fallen, auch wenn sie glauben, sie hätten das Richtige getan.

So ist Daschner kein Held. Er ist heute Leiter des Präsidiums für Technik, Logistik und Verwaltung der hessischen Polizei. Das Gericht hat ihn nicht nur milde behandelt, der Staat hat ihn durch diese Beförderung auch noch belobigt, ihn, der die Folter androhen ließ. Der Europäische Gerichtshof sagt dazu: »Es gibt Anlass zu grundlegenden Zweifeln, ob die Behörden angemessen auf den Ernst der Lage angesichts einer Verletzung von Artikel 3 reagiert hatten.« Der Gerichtshof hat vollkommen recht. Wir werden verlieren, wenn wir die Daschners gewähren lassen. Die dünne Papiertür, die uns vom Chaos trennt, wird reißen. Jan Philipp Reemtsma nennt die Folter einen Zivilisationsbruch. Es ist viel mehr als ein Lehrsatz,

• steht ein Gesetz über allem?
↳ man muß den Kontext sehen
↳ Schutz des Unschuldigen geht über den Schuldigen

es ist am Ende das, was uns rettet: Auch der Fürchterlichste darf niemals angetastet werden. Und wer es doch tut, muss ins Gefängnis.

Der Beschluss des Europäischen Gerichtshofs sagt aber auch, das Verfahren gegen Gäfgen sei fair gewesen. Die Sache ist ein wenig kompliziert. In dem Prozess gegen Gäfgen entschieden die Richter des Frankfurter Landgerichts, sein Geständnis sei nichtig, die Folterandrohung mache es unverwertbar. Daraufhin gestand Gäfgen erneut. Er sagte, er tue das freiwillig, aus Reue, er wolle Verantwortung für sein Verbrechen übernehmen. Deshalb, so der Europäische Gerichtshof, sei aus dem unverwertbaren Geständnis Gäfgen kein Nachteil entstanden.

Niemand kann sicher sagen, ob das Frankfurter Landgericht Gäfgen noch ohne Geständnis hätte verurteilen können. Einiges spricht dagegen. Immerhin legt die Entscheidung des Europäischen Gerichtshofs nahe, dass alle Beweise, die aus dem nichtigen Geständnis gewonnen wurden, unverwertbar wären. Für einen kurzen Moment war das Schicksal Gäfgens wieder in seiner Hand. Hätte er jetzt geschwiegen, wäre er vielleicht davongekommen. Daschners Entscheidung hätte so die schrecklichsten Folgen gehabt: Das Kind ist tot, sein Mörder müsste freigesprochen werden.

Vermutlich hat Gäfgen erst viel später begriffen,

• Das Einhalten der Richtlinien ist wichtiger als die Tat.

was ihm plötzlich möglich wurde. Sein erfahrener Verteidiger verstand es sicher sofort. Er riet seinem Mandanten, erneut zu gestehen. Das Ergebnis war die Höchststrafe. Einige Richter in Wustrau meinten, der Verteidiger habe richtig gehandelt. Er habe in diesem Fall schlimmstes Unrecht – den Freispruch für Gäfgen – sicher verhindert. Sie irren sich. Das »Handbuch des Strafverteidigers« beginnt mit den Worten: »Verteidigung ist Kampf. Kampf um die Rechte des Beschuldigten im Widerstreit mit den Organen des Staates, die dem Auftrag zur Verfolgung von Straftaten zu genügen haben.« Der Verteidiger ist Partei. Er darf nur die Interessen seines Mandanten vertreten – nicht die des Staatsanwalts, nicht die der Richter und schon gar nicht die der Öffentlichkeit. Er muss der »Gegenspieler von Gericht, Staatsanwaltschaft und anderen staatlichen Einrichtungen« sein, wie die Richterin am Europäischen Gerichtshof Renate Jäger einmal schrieb. Er ist frei von staatlichen Einflüssen. Nur wenn er alles tut, nur wenn er für seinen Mandanten mit allen zulässigen Mitteln kämpft, erfüllt er seinen Auftrag. Und nur so entsteht Gerechtigkeit, auch wenn das Urteil im Einzelfall ungerecht scheint.

Gäfgen ist der Mörder, aber am Ende sind alle schuldig geworden. Die Gerichte, weil sie Daschner zu milde bestraften, die Verwaltung, weil sie ihn beförderte. Daschner, weil er sich gegen die Grundprinzipien unseres Staates entschied und die Würde eines Menschen verletzte. Und der Verteidiger, weil er nie ein echter Gegenspieler des Gerichts war.

Spät am Abend in Wustrau brachte mich ein alter Richter zu meinem Wagen. Der Nebel war vom See hochgestiegen, es war kalt. Früher wurde hier Torf in den Mooren gestochen. Der alte Mann meinte, ihm habe die Diskussion gefallen. Dann sagte er: »Wissen Sie eigentlich, was Montaigne schon 1580 über die Folter dachte? Nein? Er schrieb: ›Sie ist doch eine sehr unnütze Erfindung.‹«

- Der Opferschutz steht über dem Täterschutz
  ↳ natürlich hat auch ein Täter Rechte
  ↳ im Mittelpunkt steht aber das Opfer / die unschuldige Allgemeinheit

→ Schirach ist Verteidiger, diese Selbstbetroffenheit liest man leider zu deutlich heraus.

→ Rechtfertigungsversuche eines Verteidigers

Die Kunst des Weglassens

Warum das iPad die Zukunft des Lesens ist

»Und wie der Rauschgiftsüchtige, der keinen Schritt tut, ohne ein ausreichendes Quantum der tödlichen Substanz mitzunehmen, wage auch ich mich niemals weit fort, ohne mich mit einem erheblichen Vorrat an Lesestoff einzudecken.« So schrieb es Somerset Maugham in seiner Geschichte von Olive Hardy, und er fuhr fort: »Aber wenn ich eine große Reise vorhabe, nimmt das Problem erschreckende Dimensionen an. Seit jener Zeit habe ich es mir zum Prinzip gemacht, mit dem größten im Handel erhältlichen Wäschesack zu reisen und ihn bis zum Rand mit Büchern für jede Gelegenheit und jede Stimmung zu füllen. Er ist zentnerschwer, und selbst starke Träger stöhnen unter seinem Gewicht. Zollbeamte blicken ihn misstrauisch an, weichen aber konsterniert zurück, wenn ich ihnen mein Wort gebe, dass er nichts als Bücher enthalte. Ein solcher Sack hat bloß den Nachteil, dass das Werk, das man haben möchte, gewöhnlich ganz unten liegt und unmöglich zu erreichen ist, ohne dass der gesamte Inhalt auf dem Boden ausgeleert wird. Doch gäbe es diesen Umstand nicht, hätte ich vielleicht niemals die eigentümliche Geschichte von Olive Hardy erfahren.«

Maughams Geschichte handelt von einem merkwürdigen Geschwisterinzest, ich habe sie fast vergessen. Aber an den Büchersack erinnere ich mich. Es geht mir heute noch so. Selbst wenn ich nur übers Wochenende verreise, nehme ich immer zu viele Bücher mit – ich weiß nie, was ich in zwei Tagen lesen will.

Ich bin in einer analogen Welt aufgewachsen. Als Kinder wohnten wir auf dem Land. Manchmal stand meine Großmutter auf den Stufen des Hauses, wenn der Briefträger die Einfahrt herunterkam. Er rief dann mit der Post in der Hand: »Es ist nichts Wichtiges dabei.« Anstelle von E-Mails gab es noch das Telex. Und als das erste Funktelefon im Wagen meines Urgroßvaters installiert wurde, ein Telefon für das sogenannte A-Netz, musste er dauernd durchgeben, wo er gerade war, wenn ihn jemand anrufen wollte. Es war alles kompliziert und lustig. Telefonieren war fürchterlich teuer, und vor dem Wort »Auslandsgespräch« hatten alle großen Respekt. Als ich acht war, war ich mit meinem Vater einmal in einem Hotel in Hamburg. Dort war im Badezimmer ein Telefon in die Wand eingelassen. Ich durfte meine Mutter anrufen und dachte, einen größeren Luxus könne es nie geben: aus der Badewanne telefonieren.

Wenn ich ein paar Jahre später ein Mädchen zu Hause abgeholt habe, musste ich klingeln und stand vor ihrem Haus. Sie sagte durch den scheppernden Lautsprecher der Gegensprechanlage, dass sie gleich herunterkomme. Es war schrecklich kalt, sie ließ mich ein paar Minuten vor der Tür warten. Das machte sie immer. Dann kam sie die Treppen runter, ich konnte ihre Absätze auf den alten Stufen hören, sie öffnete die Tür und küsste mich. Ihr Gesicht war warm. Wir haben uns Briefe geschrieben, sie hatte eine weiche Handschrift, sie schrieb immer sehr ordentlich – ganz anders als ich. Das war im Winter 1984, ich war damals 20 Jahre alt.

In den folgenden 25 Jahren ist das alles langsam abhandengekommen. Irgendwann begannen die ersten Mandanten E-Mails zu schreiben. Briefe von Hand wurden immer seltener, ältere Herrschaften schrieben wenigstens noch die Anrede mit breitem Füller. Plötzlich hatten wir alle PalmPilots, man konnte auf ihnen mit lächerlich winzigen Stiften

Termine und Telefonnummern eintragen. Ich kaufte den ersten Newton von Apple. Er war ungefähr so groß wie ein Ziegelstein und mindestens genauso schwer. Man sollte ihn in das Jackett stecken, aber kein Mensch hatte solche riesigen Taschen. Er hatte aber auch Vorteile. Wenn die Begleitung zu spät ins Kino kam, konnte man mit dem eingeschalteten Newton winken: Er leuchtete grün, so wie ich mir als Kind die Farbe der Bildschirme in Kapitän Nemos »Nautilus« vorgestellt hatte, und wies den Weg zum Sitzplatz. Wenn man jetzt ein Mädchen abholte, rief man aus dem warmen Wagen mit dem Handy an und musste nicht mehr in der Kälte stehen. Später kamen die Blackberrys, die Welt wurde noch schneller.

Und jetzt habe ich das iPad. Falls Sie die letzten acht Wochen keine Zeitung gelesen und keinen Fernseher angeschaltet haben: Das iPad ist das neue Gerät des Soft- und Hardware-Herstellers Apple. Es besteht nur aus einem schwarzen Glasbildschirm, es ist etwa sechs Zentimeter kürzer und zwei Zentimeter schmaler als eine DIN-A4-Seite. Es ist dünn, sehr dünn. Es wiegt ungefähr 700 Gramm. Und, um es gleich zu sagen: Es ist die Zukunft. Punkt. Es gibt darüber gar keine Diskussion.

Erinnern Sie sich an den ersten »Harry Potter«-Film? Dort gab es in einer Szene eine Zeitung mit bewegten Bildern. Genau das ist das iPad. Wenn Sie zum Beispiel die »App« – so nennt Apple die kleinen Programme – vom britischen Fernsehsender BBC auf das iPad laden, können Sie Texte lesen und kleine Videos ansehen. Natürlich können Sie das auch auf dem Laptop machen, aber es ist etwas völlig anderes auf dem iPad. Eigentlich ist es nur ein Trick. Ein alter Trick, der immer noch funktioniert. Lessing sagte, Zeichnen sei die Kunst des Weglassens. Ludwig Mies van der Rohe erklärte: »Less is more.« Und das Vorbild von Jonathan Ive, dem Designdirektor von Apple, ist Dieter Rams, der legendäre Gestalter der Produkte von Braun (natürlich bevor sie anfingen, diese fürchterlich hässlichen Rasierer von heute zu fabrizieren). Rams sagte: »Von der Natur können wir lernen, dass Weglassen sinnvoll ist.« Das iPad ist die Krönung in dieser Disziplin. Es ist so einfach, dass es ein dreijähriges Kind bedienen kann. Es erklärt sich selbst. Und es tut das so vollständig, dass es noch nicht einmal mit einer Betriebsanleitung ausgeliefert wird.

Das iPad wird unsere Welt verändern. Es wird sie so verändern, wie der iPod die Musikbranche verändert hat. Wenn Sie in Bangkok in einem Taxi sitzen und zu den Bewegungen auf der Straße die Goldberg-Variationen hören, während Sie aus dem Fenster sehen, ist das eine Art Glück. Wir werden bald

Zeitungen und Zeitschriften auf dem iPad lesen. Stellen Sie sich vor, Sie haben nicht mehr diese Riesenblätter »Frankfurter Allgemeine« und »Zeit« mit sich rumzuschleppen. Sie bekommen sie morgens elektronisch geliefert. Einfach so. Sie lesen sie in der S-Bahn. Thomas Bernhard beschrieb, wie er eine Odyssee auf sich nehmen musste, um die »Neue Zürcher Zeitung« zu kaufen, weil es sie in Salzburg nicht gab. Der SPIEGEL hat eine App auf mein iPad geladen. Ende April ist sie für jeden erhältlich. Offen gesagt, ich lese das Heft jetzt so schon lieber als in gedruckter Form. Ich kann die Bilder vergrößern, das Heft liegt nicht mehr herum, ich kann gleich alle früheren Ausgaben mitnehmen – und vor allem: Es sieht schöner aus. Für die Zeitungsbranche ist es vermutlich die letzte Möglichkeit, das Rad, das sie durch die kostenlosen Internetseiten zu weit gedreht hat, nochmals zurückzudrehen und Geld zu verdienen.

Werden wir Bücher auf dem iPad lesen? Ja, natürlich. Ich werde noch einige Zeit brauchen, um mich daran zu gewöhnen. Ich mag Bücher in gedruckter Form. Ich mag das Papier, das Umblättern (das iPad bildet das elektronisch nach), das Leinen der Umschläge. Die zerfledderten Seiten und die Buchrücken bedeuten noch etwas. Sie stehen im Regal, und wenn ich an ihnen vorbeilaufe, erinnere ich mich an sie, an die Zeit, zu der ich sie gelesen habe. Aber es ist einfach unglaublich, dass man Hunderte schwere Bücher mitnehmen kann, ohne darüber nachzudenken. Man kann Lesezeichen eingeben, Worte im Lexikon nachschlagen und nach bestimmten Wörtern in den Büchern suchen. Vermutlich werden wir erst Lexika auf das iPad laden, den Duden vielleicht, den Brockhaus und vor allem Fachliteratur. Es ist natürlich viel einfacher, auf einem iPad nach einem Medikament zu suchen als in der Roten Liste. Und es wird wahrscheinlich viele geben, die mit dem iPad wieder zu lesen beginnen; Menschen, die sonst selten in eine Buchhandlung gehen. Im iTunes-Store, das ist die Plattform, über die Apple die Apps vertreibt, gibt es inzwischen mehr Bücher als Spiele. Und das gilt sogar für das iPhone, auf dessen kleinem Schirm man nur mühsam lange Texte lesen kann. Für das iPad hat Apple einen neuen Vertriebsweg für Bücher geschaffen. Es zeigt ein nicht sehr hübsches Kiefernregal, Bücher kann man dort mit einem Klick kaufen. Apple hat mit dem iPad geschafft, was ich nicht für möglich gehalten hätte: Die elektronischen Bücher lassen sich ausgezeichnet lesen.

Natürlich kann man auch alles andere mit dem iPad machen. Spiele, Bankgeschäfte, E-Mails, Kalender und Adressbücher – Tausende Applikationen gibt es, viele sind wunderbar gestaltet. Filme lassen sich auf dem Schirm ansehen – auch sie kauft man über den iTunes-Store, es erspart den Weg in die Videothek. Allerdings kann man all diese Sachen besser auf einem Laptop erledigen. Die Tastatur, die es als Zusatzprodukt gibt, scheint keinen rechten Sinn zu haben – der Witz des iPad ist ja, dass es nur ein Bildschirm ist. Auch ein anderer Punkt leuchtet mir nicht ein: Man muss das iPad dauernd in der Hand halten. Das ist unangenehm, wenn es länger dauert, zum Beispiel wenn man einen Film ansieht. Schreiben auf der virtuellen Tastatur bereitet mir keine Freude, ich vertippe mich dauernd, und schon eine längere E-Mail wird zur Mühsal. Und wirklich scheußlich ist: Das iPad ist nach 20 Minuten Gebrauch von Fingerabdrücken und Schlieren übersät – kein schöner Anblick. Das iPad kann einen Computer nicht ersetzen. Es will das auch gar nicht, es ist etwas anderes. Das Gerät scheint mir letztlich eine neue perfekte Vertriebsform zu sein: Das iPad ist ideal für Zeitschriften und Bücher. Und dafür ist es besser geeignet als jeder Laptop.

Aber es gibt auch dunkle Seiten des iPad: Apple zensiert. Die »Bild«-Zeitung darf kein nacktes Mädchen abbilden, überhaupt ist jede Form von Sex tabu. Natürlich ist das eine sehr milde Form von Zensur, und für uns Europäer hat das eher etwas Kindisches. Aber es ist Zensur, und sie zeigt, was der Konzern alles tun könnte. Schlimmer noch ist: Apple wird bald ein Monopol besitzen, die Firma wird mächtiger sein, als es Microsoft jemals war. An jeder kostenpflichtigen App verdient Apple 30 Prozent. Zeitungs- und Buchverlage werden sich darauf einlassen müssen, genauso wie es vor ihnen die Musikbranche tat und zurzeit die Filmindustrie tut. Wenn es keine Konkurrenz mehr für das iPad gibt, werden alle in einer neuen Abhängigkeit sein. Es gibt Apple-Aktionäre, die Steve Jobs, den Konzernchef in schwarzem Rollkragenpulli, Jeans und mit randloser Brille, »iGod« nennen. Vielleicht nicht zu Unrecht: Apple hat nach dem letzten Geschäftsbericht fast 40 Milliarden Dollar Rücklagen; die Firma hat einen Börsenwert, der weit höher ist als der von Daimler-Benz und Deutscher Bank zusammen.

Manchmal vermisse ich die analoge Zeit. Ich erinnere mich daran, wie uns der Wind am Strand die Zeitungen aus der Hand riss und wie wir in Italien im Café saßen und versuchten, den »Corriere della Sera« zu lesen. Eine Wohnung ohne Bücher möchte ich mir nicht vorstellen. Wir können die Dinge nicht aufhalten, sie sind schneller als wir. Trotzdem werde ich die schweren Bücher weiter auf Reisen mitnehmen, so lange es geht – sie würden mir einfach zu sehr fehlen.

Was übrig bleibt

Eine Jugend im Jesuiten-Internat St. Blasien

»Oxford war in jenen Tagen noch eine Stadt der Aquatinta. In seinen geräumigen, stillen Straßen gingen und sprachen die Männer, wie sie es zu Newmans Zeiten getan hatten; seine Herbstnebel, sein grauer Frühling und die seltene Glorie seiner Sommertage, wenn die Kastanien blühten und die Glocken hoch und klar über den Giebeln und Kuppeln erklangen, atmeten den sanften Hauch tausendjähriger Jugend. Diese klösterliche Gedämpftheit war es, was unserem Lachen seine Resonanz gab.«

Als ich Evelyn Waughs »Wiedersehen mit Brideshead« das erste Mal las, war ich sechzehn. Ich war damals Schüler bei den Jesuiten in St. Blasien, »Interner«, wie das hieß, »Externe« waren die Kinder aus den umliegenden Dörfern, die nur vormittags in der

Schule waren. Evelyn Waugh, der »Brideshead« geschrieben hatte, war ein konservativer britischer Exzentriker, er trat zum Katholizismus über und hat mit »Brideshead Revisited« (1945 erschienen) das vielleicht großartigste Buch über den Untergang des englischen Adels geschrieben. Aber »Brideshead« war für mich nicht wie Thomas Manns »Buddenbrooks« oder »Der Leopard« von Tomasi di Lampedusa, es war nicht bezaubernd oder berührend, das Buch schien mir damals noch keine untergehende Zeit zu beschwören. Die Stille und Abgeschiedenheit meines Internats machten es möglich, dass ich in Brideshead lebte, Sebastian, sein Teddy Aloysius, Charles Ryder und all die anderen waren für mich echt, sie hätten jederzeit um die Ecke biegen und mich mitnehmen können. Und weil wir jung waren und die Welt außerhalb der Klostermauern noch keine Macht über uns hatte, konnten uns solche Bücher prägen. Mehr kann Literatur nicht erreichen, und das ist nur an solchen Orten möglich. Etwas später lief die wunderbare Verfilmung mit Jeremy Irons im Fernsehen, keiner von uns verpasste eine Folge. Damals durften wir nur einen Film in der Woche ansehen.

Ich war mit zehn Jahren nach St. Blasien gekommen und blieb bis zum Abitur. Die Jesuiten hatten mich aufgenommen, obwohl ich evangelisch getauft war. Salem kam nicht in Frage, es schien zu weltlich, und Roßleben, das passende protestantische Internat, lag in der DDR.

In der ersten Nacht konnte ich nicht schlafen, wir konnten alle nicht schlafen. Zu Hause hatte jeder Wäschenummern in die Kleidung genäht bekommen, meine lautete 222. Wir hatten alle die gleiche Anzahl an Unterhosen, Unterhemden, Hosen, Jacken, Handtüchern und so weiter, die Eltern hatten eine Aufstellung vom Internat bekommen. Die Nummern waren notwendig, damit die Wäscheabteilung die Kleidung sortieren konnte, es waren fast 800 Schüler, und jeder hatte dort sein Fach. Und die Patres, wenn sie uns bei irgendetwas erwischten, konnten in den Kragen sehen und sich die Nummer merken. Alles war fremd. Die Klassen wurden im Internat »Abteilungen« genannt, vielleicht weil Ignatius von Loyola, der Gründer des Ordens, ein Offizier gewesen war. In der ersten Abteilung waren wir 30 Kinder in einem Saal, Bett an Bett, dazwischen kleine Nachttische aus hellem Holz. Zwischen zwei Schlafsälen lag der Waschsaal, 60 Waschbecken nebeneinander, kein warmes Wasser. Im Winter war es so kalt, dass manchmal aus dem Hahn kleine Eiskristalle kamen. In diesem Waschsaal fochten wir Schlachten mit der Parallelabteilung, wir trafen uns nachts, bewaffnet mit Handtüchern, in die wir Knoten gemacht hatten. Es war ein gutes Mittel gegen

Heimweh und Einsamkeit. Und es war viel mehr, es war meine Kindheit.

In meiner Erinnerung ist St. Blasien ein kalter Ort. Vier Monate lag Schnee, an den Bäumen hingen Eiszapfen, und weil nachts die Fenster offen blieben, wurde es so kalt, dass wir uns morgens unter der Bettdecke anziehen mussten. Ich schrieb oft nach Hause, dass ich nicht mehr dort sein wolle, ich fror fürchterlich. Heizlüfter waren natürlich verboten, wir besorgten sie uns trotzdem, bis sie wieder konfisziert wurden.

Ich weiß nicht, ob es eine sorglose Kindheit gibt, ich glaube es nicht, zu kompliziert ist das meiste, was wir als Kinder erleben. Aber ich erinnere mich an die langen Gänge, über die wir rannten und schrien, an die Nachmittage mit Freunden, an Wochenenden in einer Hütte, die dem Kolleg gehörte, und daran, dass es Zeit für alles gab. Es zählte damals nur, wer man war und was man tat. Fast alles war anstrengend, das Taschengeld war streng festgelegt, und wir konnten in dem Café im Ort nur ein Ei bestellen und saßen stundenlang davor. Später in der Oberstufe gingen wir in das verrauchte Hinterzimmer eines Restaurants, was natürlich verboten war, und aßen das billigste Gericht, den Teller Spätzle. Wir flohen durch den Hinterausgang, wenn ein Pater dort kontrollierte, der Wirt gab uns immer ein Zeichen. Die Welt gehörte trotzdem uns. Ich erinnere mich an den Freund, mit dem ich die erste Baumhütte baute, und ich erinnere mich an die Zugfahrten nach den Ferien ins Kolleg, an das Dunkle des Schwarzwaldtals, das man nur ertrug, weil es die hellen Stimmen der anderen gab.

Ich habe damals mit dem Lesen begonnen, vermutlich aus Langeweile. Nabokov sagt, dass Kinder sich langweilen müssen, daraus entstehe alles. Ich erinnere mich an Gespräche über Bücher und über das Theater, und ich weiß, dass es sie ohne St. Blasien nicht gegeben hätte oder zumindest nicht so intensiv. Vor allem erinnere ich mich an die Freundschaften, die noch nichts Berechnendes hatten und in denen es noch nichts außer den anderen gab. Vielleicht war das das Beste, was die Jesuiten erreichen konnten, und es ist das, was ich heute am meisten vermisse.

Das Merkwürdige war, dass es eigentlich keine Erziehung durch die Patres gab. Vielleicht unterschied das St. Blasien von anderen Internaten. Der Tagesablauf war immer gleich, und er war streng: Schule von 7.30 Uhr bis 13.00 Uhr, Mittagessen bis 13.30 Uhr, Studium von 16.00 Uhr bis 18.35 Uhr und Abendstudium von 19.00 Uhr bis 20.00 Uhr. »Studium« hieß, dass wir in einem Raum mit 30 Holzpulten saßen, still sein mussten und Hausaufgaben machen sollten. Die Zeiten kenne ich nach 25 Jahren noch immer auswendig. Es gab die Messen am Sonntag und unter der Woche, es gab tausend Dinge, die verboten waren. Aber wir hatten auch unendliche Möglichkeiten, jeder konnte alles tun und alles sein, das Internat bot es. Alle Arten von Sport zum Beispiel, und wir fuhren nach Basel und Freiburg in die Theater, es gab einen Werkraum, und auf den ersten Computern konnte man sogar eine Programmiersprache lernen. Markenkleidung wäre dort lächerlich gewesen, und den Jungen, der die erste teure Uhr trug, fanden wir alle peinlich.

Die Kinder erzogen sich selbst, die Jesuiten setzten nur den Rahmen. Nichts davon würde ein moderner Pädagoge ertragen: nicht, wie wir nachts, weil wir laut gewesen waren, das Johannesevangelium abschreiben mussten, bis uns die Augen zufielen, und nicht die Ohrfeigen, die wir manchmal bekamen. Aber es gab großartige Lehrer: Pater Gritschneder, mein erster Lateinlehrer, war im Krieg noch Soldat gewesen und erst danach Jesuit geworden. Er war uralt, hatte Essensflecken auf seiner Weste und begann jede Stunde mit erhobenem Finger und dem Satz »Latein ist was für feine Leute«. Es gab in dieser Schule viele Persönlichkeiten wie ihn, einige habe ich sehr gemocht.

Pater S., der gestanden hat, die Jungen in Jesuitenschulen missbraucht zu haben, war Sportlehrer. Die alte Sporthalle ist heute längst abgerissen. Sie wurde durch eine moderne, mit großen Fenstern und technischen Raffinessen, ersetzt. Die alte Halle mochte ich lieber. Sie sah nicht aus wie eine Sporthalle, sie hatte einen abgetretenen Holzboden und raue Wände voller Ballabdrücke. In dieser Halle habe ich vom Einmarsch der Russen in Afghanistan erfahren, und in dieser Halle hatte ich meine erste Bänderzerrung. Über der Halle, nur zu erreichen über die schmalste Treppe, die ich jemals gesehen habe, war das winzige Kino mit kaum 20 Plätzen, verstaubt, eng und dunkel, aber ich habe dort zum ersten Mal »Der dritte Mann« gesehen und nächtelang Albträume gehabt, und ich habe dort »Casablanca« gesehen und wollte wie Humphrey Bogart sein. Diese Sporthalle war auch gleichzeitig das Theater des Kollegs. Ein eiserner Vorhang, der fürchterlich schepperte, wenn ein Ball dagegen klatschte, trennte die Halle von der Bühne, er musste von Hand hochgekurbelt werden. Auf meinem Schreibtisch liegt jetzt ein zerlesenes Reclam-Buch, »Leonce und Lena«. Ich spielte damals den Leonce, und Lena war das erste Mädchen, das ich geküsst habe – ich habe ihr Gedichte geschrieben, und ich kann mich nicht erinnern, jemals glücklicher gewesen zu sein. Unvorstellbar, dass Pater S. in dieser Halle unterrichtete.

Der Untertitel von »Brideshead« lautet: »Die heiligen und profanen Erinnerungen des Hauptmanns Charles Ryder«. Ich habe das Buch später noch ein halbes Dutzend Mal gelesen, und immer klarer ist mir geworden, dass das mein Lebensbuch ist, so, wie es einen Lebensmenschen gibt. Vor ein paar Jahren war ich zu einem Abendessen in Castle Howard eingeladen, das riesige Schloss, in dem der Film gedreht wurde. Nach dem Essen bin ich allein durch die Hallen gegangen, durch die Bibliothek und die Schlafzimmer. Sebastian gab es nicht mehr, alles war mit roten Kordeln abgesperrt und sehr aufgeräumt, die Touristen müssen Eintritt bezahlen, und ihnen soll schließlich etwas geboten werden. Das Haus gehört heute einer Stiftung und ist so vergangen, wie die Welt meiner Kindheit vergangen ist. Alle Erinnerungen sind profan, und alle Erinnerungen sind heilig. Wir haben ja nichts anderes.

Der Freund, dessen Bett in der ersten Nacht vor 35 Jahren neben meinem gestanden hatte und mit dem ich später Abitur gemacht hatte, rief mich nach den Meldungen über Pater S. an. Wir kannten ihn nicht, wir waren zu alt gewesen, als er nach St. Blasien gekommen war, er hatte wohl nur in den unteren Abteilungen unterrichtet. Wir sprachen über den damaligen Internatsleiter, der ihn rausgeworfen haben soll, und natürlich machten wir dumme Witze über Pater S.

Als ich auflegte, wurde mir klar, dass St. Blasien plötzlich einen anderen Klang bekommen hatte und die Erinnerungen nie wieder die gleichen sein würden.

Textnachweise

Die vorliegenden Essays erschienen zwischen Februar 2010 und September 2013 im SPIEGEL:
Die Würde ist antastbar. SPIEGEL Nr. 38/13, vom 16. 09. 2013 · Verstehen Sie das alles noch? SPIEGEL Nr. 28/12, vom 09. 07. 2012 · Weil wir nicht anders können. SPIEGEL Nr. 21/12, vom 21. 05. 2012 · Du bist, wer du bist. SPIEGEL Nr. 36/11, vom 05. 09. 2011 · Die Bühne der Weimarer Republik. SPIEGEL Nr. 33/11, vom 15. 08. 2011 · Zur Not ein Gesetz. SPIEGEL Nr. 49/10, vom 06. 12. 2010 · Wahrheit und Wirklichkeit. SPIEGEL Nr. 43/10, vom 25. 10. 2010 · Verfahren als Strafe. SPIEGEL Nr. 36/10, vom 06. 09. 2010 · Reine Menschen, reine Luft. SPIEGEL Nr. 31/10, vom 02. 08. 2010 · Vergessene Gummistiefel. SPIEGEL Nr. 27/10, vom 05. 07. 2010 · Die Würde der Fürchterlichsten. SPIEGEL Nr. 23/10, vom 07. 06. 2010 · Die Kunst des Weglassens. SPIEGEL Nr. 15/10, vom 12. 04. 2010 · Was übrig bleibt. SPIEGEL Nr. 6/10, vom 08. 02. 2010

Zitatnachweise

F. Scott Fitzgerald, »Der Knacks« wurde zitiert in der Übersetzung von Walter Schürenberg, erschienen im Merve Verlag, Berlin 1984 · »Mad Men« wurde zitiert aus der Episode 1/1 »Schall und Rauch«, Regie: Alan Taylor, Drehbuch: Matthew Weiner, deutschsprachige Erstausstrahlung auf FOX am 6. Juli 2009 · Thomas Mann, »Der Zauberberg«. © S. Fischer Verlag, Berlin 1924. Alle Rechte vorbehalten S. Fischer Verlag GmbH, Frankfurt am Main. Der Abdruck erfolgt mit der freundlichen Genehmigung des Verlags · W. Somerset Maugham, »Der Büchersack« wurde zitiert in der Übersetzung von Mimi Zoff und Felix Gasbarra, erschienen im Diogenes Verlag, Zürich 2008 · Evelyn Waugh, »Wiedersehen mit Brideshead« wurde zitiert in der Übersetzung von Franz Fein, erschienen im Ullstein Verlag, Berlin 1982

Inhalt

Zu diesem Buch

Oft ist es nur der Zufall, der den Einzelnen zum Täter oder Opfer macht. Schuld ist das, was einem Menschen persönlich vorgeworfen werden kann. – Nicht zuletzt seine so überzeugend formulierten Gedanken über Gut und Böse, über die moralischen und ethischen Fragestellungen in unserer Gesellschaft haben seine Stories und Romane zu Welterfolgen gemacht. In seinen Essays widmet sich Ferdinand von Schirach brisanten Themen wie den Schauprozessen gegen Prominente, der Sicherheitsverwahrung oder der Folterandrohung gegen Kindermörder. Daneben geht er aber auch der Frage nach, wie es in Zeiten des iPads um unser Lesen bestellt ist oder was der Zwang zu schreiben für einen Schriftsteller wirklich bedeutet.

Ferdinand von Schirach, Jahrgang 1964, arbeitet als Strafverteidiger und Schriftsteller in Berlin. Seine Storybände »Verbrechen« und »Schuld« wurden, genau wie sein erster Roman »Der Fall Collini«, zu internationalen Bestsellern. In mehr als dreißig Ländern erschienen Übersetzungen. Schirach wurde mit dem Kleist-Preis und anderen – auch internationalen – Literaturpreisen ausgezeichnet. Zuletzt veröffentlichte er im September 2013 seinen Roman »Tabu«. In seinen Essays und Reden äußert er sich regelmäßig zu gesellschaftspolitischen Themen.